ÉDOUARD BURTON

LE DERNIER DAUPHIN

DE

FRANCE

ORLÉANS

Dépôt chez tous les libraires

1884

Tous droits réservés

LE
DERNIER DAUPHIN

DE

FRANCE

EDOUARD BURTON

LE DERNIER DAUPHIN
DE FRANCE

ORLÉANS

Dépôt chez tous les libraires

1884

Tous droits réservés

AVANT-PROPOS

Cet opuscule était déjà imprimé en
grande partie, lorsqu'en relisant la plaidoirie de Jules Favre en faveur de la
veuve et des héritiers Naündorff, nous
fûmes frappés de deux phrases de l'arrêt
du 20 février 1874.

L'une nous montrait Naündorff :
« ayant erré longtemps en Italie, en
« Allemagne, en France, en Suisse, en
« Angleterre, en Hollande; ayant exercé
« pendant vingt-deux ans en Prusse la
« profession d'horloger , sans qu'on
« sache où il en avait fait l'apprentis-
« sage ; épousant à Spandau, en 1818,
« une femme d'une condition obscure,
« poursuivi *à l'étranger*, en 1824, pour
« crime d'incendie, en 1825 pour crime
« de fausse monnaie, etc.

Comment un Prussien poursuivi en
Prusse pouvait-il être dit poursuivi
à l'étranger ?

L'autre phrase, plus significative encore, le présente comme : « un aventu-
« rier hardi….. luttant contre le milieu
« sans ressource *où un déclassement social
« l'avait jeté.* »

Il semblait ressortir de ces deux
phrases que la justice était mieux ren-
seignée sur les origines de Naündorff
qu'elle ne voulait le paraître. Si elle ne
les avait fait connaître ni en 1833, ni
en 1851, ni en 1874, c'est donc que suf-
fisamment armée pour débouter le prétendant et ses héritiers, elle n'avait pas
voulu que le baron de Richemont restât
le seul auquel il fût impossible d'appli-
quer un autre état-civil que celui qu'il
réclamait.

Mais où chercher, parmi les nombreux
déclassés dûs aux commotions politiques de la fin du dernier siècle?

Par un hasard qu'on pourrait presque
qualifier de providentiel, nous reçûmes
alors un ouvrage publié l'année dernière par M. Jules Tréfouël, sous le titre
de : *Mes Souvenirs,* et nous y trouvâmes
le mot de l'énigme (1).

Naündorff ne serait autre que *Charles-
Alexandre Marotte du Coudray, comte de*

---

(1) Paris, J. Seppré, 60, rue des Ecoles —
1883.

Hust, prince du Saint-Empire Romain,
né à Pithiviers (Loiret), le 15 septembre
1765, de Jules-François Marotte, capitaine de cavalerie, chevalier de Saint-
Louis, et d'Elisabeth-Philippine Lan-
glois de Montry.

Par sa grand'mère, Marie-Charlotte
Basta, il descendait du célèbre Georges
Castriot, roi d'Albanie, surnommé Scan-
derberg. Aussi ses armes sont-elles sur-
montées d'une couronne royale. Naündorff ne mentait donc pas quand il se
disait issu de sang royal et prince
natif.

Philippine du Coudray, célèbre par
sa beauté, était dame d'honneur de la
reine et reçut les faveurs de Louis XV.
Ainsi s'explique la ressemblance bour-
bonienne d'Alexandre, mais il ressemblait encore plus à un juif arabe, ce qu'il
tenait de l'origine orientale de sa famille maternelle.

Ce double type très-curieux est remarquable dans les portraits qu'on possède de Naündorff.

Alexandre fut page de Marie-Antoinette. Suivant la mode d'alors il apprit
un métier, celui d'horloger, où il devint promptement habile. Il travaillait
souvent près de Louis XVI, dans son
atelier de serrurerie.

Sa mère était morte à Paris en 1770, et son père à Pithiviers en 1780. Il se trouvait donc à quinze ans complètement orphelin.

Très-précoce, avide de plaisir, joueur, débauché, après avoir mangé des millions, dit son biographe, et sans doute à bout de ressources, il épouse à Orléans, le 12 mars 1789, comme mineur émancipé (1), demoiselle Marie-Marthe Bachevillier du Cormier, alors âgée de *trente-neuf ans*. Dans son contrat de mariage, il se reconnaît débiteur envers elle d'une somme de quatre mille francs, qu'elle lui a prêtée, un mois auparavant, « pour acquitter des dettes « d'honneur, pour raison desquelles il « était menacé d'être traduit au tribunal « de MM. les maréchaux de France. »

Il promet de rembourser cette somme à sa majorité et de payer pension à sa femme.

Mais dix-huit mois après, quelques jours avant d'être majeur et sans avoir reçu ses comptes de tutelle, il quittait furtivement Orléans, laissant sa femme près d'accoucher pour rejoindre ses deux tantes émigrées à Courtray. Il y

______

(1) La majorité était alors fixée à vingt-cinq ans pour les deux sexes.

retrouvait les parents de sa grand'mère, Mme Basta de Hust, et grâce à eux, était favorablement accueilli dans la haute société. A l'imitation de beaucoup d'émigrés qui cachaient leur véritable nom, il se faisait appeler alors le comte de Dusseldorff.

Son caractère aventureux ne lui permettant de se fixer nulle part, il alla demeurer successivement en Hollande, à Vienne, à Dusseldorff et à Hust, petite ville de Transylvanie, sur la frontière de Pologne, où il prit le nom de *comte de Naündorff*. Son séjour dans ce pays, d'où sa famille était originaire et avait possédé des biens considérables, joint au type étrange de sa physionomie, explique qu'on l'ait cru issu de juifs polonais (1).

Le 29 octobre 1790, six semaines après le départ de son volage époux, Mme du Coudray mit au monde une fille, qu'on nomma Alexandrine-Marie.

-----

(1) Voici ce que nous écrit M. Tréfouël au sujet d'une photographie de Naündorff, que nous lui avions envoyée :

« Ce portrait du comte de Naündorff ou « d'Alexandre Marotte du Coudray, est frap- « pant de ressemblance avec son frère « Georges ; il y en a aussi avec sa sœur. Ce « portrait a dû être fait en 1833.

Alexandre ayant été porté sur la liste des émigrés, nous voyons, en 1792, les commissaires du Directoire se présenter au domicile conjugal pour y saisir et confisquer les biens du fugitif. Mais devant la teneur du contrat de mariage, ils se retirèrent les mains vides.

Mme du Coudray fit prononcer le divorce contre son mari pour cause d'émigration sans nouvelles, le 6 floréal an II, (mars 1734), et émigra à son tour, sans qu'on en voie d'autre motif que le désir de laisser tomber dans l'oubli un passé fâcheux. Son nom figure sur la liste de radiation des émigrés de l'an IX (1798). Elle revint se fixer à Orléans où elle se donna comme *veuve*. Elle y mourut en 1808. Bien que son frère, Daniel Bachevilliers du Cormier, fût chez elle en ce moment, comme le prouve un acte passé par lui quelques jours auparavant où il élit domicile chez sa sœur, 5, cloître Saint-Aignan. ce n'est pas lui qui va déclarer le décès. Il était trop certain de l'existence de son beau-frère qu'on n'avait jamais entièrement perdu de vue. On requiert le témoignage de deux voisins, un tourneur et un tailleur, qui déclarent la défunte *veuve* du sieur Alexandre Marotte du Coudray. Celui-ci se trouvait donc, pour Orléans du moins rayé du nombre des vivants. Par les soins de ses oncles, sa fille épousa, en 1809, son cousin germain, M. le marquis de Vareilles. En vertu de l'article 160 du Code civil, le conseil de famille réuni suppléa le consentement du père disparu.

La famille du Coudray qui était des plus honorables, n'avait, on le voit, qu'un seul désir ; celui de rompre tout lien entre elle et l'aventurier qui avait déshonoré son blason en épousant, peu de temps après avoir quitté la France, une femme Sonnenfeld, dont il aurait eu un fils, né en 1791.

L'existence de cet enfant est affirmée par une note de police, fournie au procès de 1874 ; elle ajoute qu'il aurait été détenu dans une maison de correction. « Cette femme Sonnenfeld avait trente « ans de plus que lui, s'écrie Jules « Favre, et n'a jamais été que sa femme « de ménage ; en 1791, il n'avait lui- « même que six ans ! »

Le fils de Louis XVI, oui, mais Naündorff en avait vingt-six. Comme les recherches portaient toujours sur un homme d'un âge analogue à celui du dauphin, on laissa tomber cette constatation singulière, qui eût suffi à elle seule pour faire découvrir la vérité.

M. Tréfouël croit qu'Alexandre du Coudray commença à se faire connaître sous le nom de Louis XVII durant les guerres de l'Empire et servit sous les ordres du duc de Brunswick, fait qui a été depuis reconnu faux (1). Nous croyons que M. Tréfouël fait erreur, et le confond avec Richemont, qui effectivement causa alors quelques soucis à Napoléon. Il y avait une trop grande différence d'âge pour qu'Alexandre pût songer à cette époque à jouer le rôle du dauphin. Plus tard la vigueur de sa constitution le faisait paraître beaucoup plus jeune qu'il ne l'était en réalité. Il en était de même de son frère aîné, Georges du Coudray. Nous nous souvenons d'avoir souvent rencontré dans Orléans ce grand vieillard auquel nous n'aurions pas donné soixante-dix ans et qui en avait pourtant plus de quatre-vingt-dix (2).

---

(1) Il n'y a qu'une similitude de nom entre lui et le général autrichien baron de Naündorff qui combattit avec l'archiduc Charles contre Jourdan, puis contre Moreau, battit les troupes du Directoire et fut nommé, en 1797, feld-maréchal lieutenant.

(2) Cela semble un privilége de famille. Le reporter du *Figaro*, (nᵒ du 18 mars 1884),

Quoiqu'on en ait pu dire depuis, il nous paraît certain qu'avant 1830, Naündorff n'avait jamais songé à tirer parti de sa ressemblance avec les Bourbons. S'il eût fait quelques démarches antérieures en qualité de duc de Normandie, son avocat n'aurait pas manqué de les faire valoir comme une preuve sérieuse d'identité. Il fallait avant tout faire la nuit absolue sur son passé et rendre impossible de saisir le fil le rattachant à la France. C'est pourquoi il remplit de cachots fantastiques la première partie de son existence.

Suivant M. Tréfouël, Alexandre du Coudray possédait depuis deux ans déjà le passeport avec lequel il arrive à Berlin en 1810, où il n'y a de vrai que son âge, *quarante-trois ans.*

Lors de son mariage avec Jeanne Einert, il se donne encore quarante-trois ans, ce qui le rajeunissait déjà de dix ans, et se dit *veuf.* C'était doublement exact. Ce qui prouve qu'il n'avait encore aucune idée de se donner pour le

---

donne *quarante-cinq ans* à Madame Amélie, qui étant née, dit la *Survivance,* le 31 août 1819, en aura *soixante-cinq* dans quelques mois. Elle paraît donc, comme son père, vingt ans de moins que son âge.

dauphin, c'est qu'il nomme sa fille Amélie, son fils aîné Charles-Edouard, le second Edmond, le troisième Adelberth, et il n'eût pas manqué alors de leur donner, comme il le fit plus tard pour ses enfants nés en Angleterre, des prénoms empruntés à la famille royale de France.

A quelles instigations obéit-il quand il entreprit de revendiquer la personnalité de Louis XVII ?

« On a dit que Naündorff était un agent des sociétés secrètes, » dit en 1874 l'avocat-général. Puis il passe sans insister. C'est, croyons-nous, la véritable explication du rôle joué par cet homme, lorsque la misère à laquelle il se trouva réduit en eut fait un instrument docile et qu'aucun scrupule ne devait arrêter.

Nous avons essayé de tracer, dans un cadre romanesque, le tableau réel de la formidable association qui, à la fin du dernier siècle, commençait à étendre ses réseaux sur l'Europe et sur le monde entier, à la faveur d'une quantité de sociétés particulières, limitées à un but ou à un pays, et dont, sauf les chefs suprêmes, les membres ignoraient les liens qui les rattachaient à un centre commun. Tous les déclassés, tous les coureurs d'aventures comme Alexandre du Coudray, étaient les adeptes prédestinés de cette infernale association dont nous avons dévoilé la portée dans les : *Mémoires d'une feuille de papier* (1).

Nos lecteurs y trouveront des détails dans lesquels nous ne pouvons entrer ici.

Alexandre devait avoir été affilié avant de quitter la France, car par une précaution qui ne s'expliquerait pas s'il ne lui eût été enjoint de dépouiller sa personnalité pour être à même d'endosser celle qu'on pourrait vouloir lui imposer plus tard, il dépose, avant de partir, chez M⁰ Payen, notaire à Senlis, tous ses papiers de famille et ses titres de noblesse. Il n'avait donc rien que son passeport Naündorff quand il arriva à Berlin.

Nul n'était d'ailleurs plus apte à se donner avec quelque vraisemblance pour le fils de Louis XVI. Par lui-même, comme page de Marie-Antoinette, et par ses tantes, pourvues de charges à la Cour, il était on ne peut mieux renseigné sur la vie intime du roi, de la reine, de leurs enfants ; il connaissait tout leur entourage, et c'est pourquoi nous

---

(1) Paris, Ollendorff, 1882.

le voyons si explicite, si précis sur tout
ce qui précède l'incarcération de la famille royale, si sobre de détails sur ce
qui s'est passé à la Tour.

La possession d'une miniature de
Louis XVI s'explique de la façon la plus
naturelle. Jules du Coudray, nommé
pour sa retraite gouverneur du Gâti-
nais, avait reçu ce portrait de son souverain. Lorsqu'il mourut, en 1780, son
fils aîné étant en Amérique, ce fut
Alexandre qui hérita de ce portrait dont
il ne s'est pas dessaisi depuis.

En trente années de séjour en Prusse,
il avait dû se familiariser assez avec
l'allemand pour en prendre l'accent et
cette insistance qu'on met à affirmer
qu'il avait tout-à-fait oublié sa langue
maternelle, prouve combien il redoutait qu'on ne cherchât ses antécédents
en France (1). Une dépêche de M. de

----

(1) Ceci a changé depuis peu. Le même reporter du *Figaro* s'étonnant de la pureté avec
laquelle Madame Amélie parle et prononce le
français, elle lui répondit : « C'est ce qui
« prouve, quoi qu'on ait dit, que mon père le
« parlait aussi, puisque c'est lui qui me l'a
« appris. » — Ce ne sont pas les adversaires
de Naündorff, mais son défenseur, qui insiste
sur son ignorance du français et va jusqu'à y
voir une preuve en sa faveur. (Plaidoirie de
Jules Favre, 1874, pages 8, 10, 277, et 279).

Montalivet le signale comme recrutant principalement ses partisans dans les départements de la Seine et de Seine-et-Oise. Il s'est bien gardé de paraître dans le Loiret. Fort oublié de tous ceux l'ayant connu à la cour, qui le croyaient mort, et dont il a pu après quarante ans d'absence exploiter la crédulité , il n'aurait pu affronter la présence de sa famille sans être démasqué. A Orléans, le secret avait transpiré.

Plusieurs personnes existant encore aujourd'hui se souviennent des bruits qui couraient ou de confidences reçues, et M. Tréfouël qui lui est allié par son mariage, tient ce qu'il en rapporte du frère aîné d'Alexandre, Georges, et de ses nièces.

S'il ne se fût agi que d'un de ces déclassés comme on en voit tant, sa famille n'eût pas laissé arriver la prescription contre une succession importante provenant de la famille Basta et dont la ville de Courtray était dépositaire, plutôt que de faire citer Alexandre dont l'absence paralysait les droits de tous. Lui, de son côté, poursuivant une succession bien autrement importante, se garda de donner signe de vie.

Le 28 juin 1825, un jugement du tribunal civil de première instance d'Orléans, déclare l'absence d'Alexandre du Coudray, parti sans nouvelles depuis 1790, et, la marquise de Vareilles, est envoyée l'année suivante en possession des biens attribués à son père par le compte de tutelle (1).

La préoccupation d'effacer jusqu'au souvenir de l'absent était si forte que dans la *Vie de la marquise de Vareilles*, publiée en 1866, (2) par une de ses filles, entrée en religion, celle-ci *n'y nomme même pas son grand'père* !

De nos jours même, où la seconde génération n'étant plus représentée que par des filles, le nom patronymique se trouve éteint, l'Annuaire de la Noblesse de 1854, réunissant toutes les branches issues de la famille du Coudray, ne contient que cette simple mention :

François Alexandre Marotte du Coudray, comte d'Hust, marié à N. de *Carmin*, défigurant le nom de sa femme et lui donnant le nom de François qui ne lui appartenait pas, sans aucune des indications qui accompagnent au grand complet le nom de son frère.

Enfin quand nous engageâmes une

----

(1) Chez Me Mestier, l'un des prédécesseurs de Me Assire, à Orléans.

(2) Paris, Leclère, rue Cassette.

polémique au sujet de Naündorff dans l'*Avenir du Loiret*, un des patrons de ce journal lui interdit d'accepter d'orénavant des articles sur cette question. Ayant découvert que ce personnage était petit-cousin d'Alexandre, nous nous expliquons aujourd'hui le motif de cette prohibition qui nous avait beaucoup étonné.

Si M. Tréfouël a cru devoir rompre le silence religieusement gardé jusqu'ici, c'est, nous en sommes convaincus, qu'il n'a pas voulu seconder tacitement les revendications des Naündorff, auxquels la mort du véritable dauphin, le temps écoulé et la persévérance avec laquelle ils les soutiennent, finiraient par créer des droits apparents. Nous sommes certains que si on fait appel à son témoignage, d'autres se produiront aussi et qu'une lumière complète en résultera.

Une communication anonyme, reçue il y a un an environ, et dont nous n'eussions pas tenu compte si le résultat de nos recherches ne l'avait corroborée, nous indiquait le département du Loiret comme le centre des intrigues auxquelles avait donné lieu l'évasion du dauphin. En voici un extrait :

« Un certain Pierre Petrucci passant

« par Orléans en l'an XIII de la Répu-
« blique française, (1804), se servit de
« la princesse bâtarde de Bourbon-
« Conti, internée dans cette ville, pour
« donner des documents à un sieur
« d'Antibes qui les transmit au jeune
« Na.... (Naündorff).

« ..... La princesse de Bourbon-Conti,
« la même que Louis XV promit de lé-
« gitimer vers 1771, a été enlevée par
« ordre de la Société de l'Etoile d'Or,
« dont Hersilie Rouy était l'agent
« forcé (1). »

Nous donnons, f° 52, pièce 8°, la confirmation de la présence de ce Petrucci en France.

En 1814, Mlle Hersilie Rouy avait eu à Milan pour parrain sans marraine,

---

(1) En 1878, un ordre du ministre de l'intérieur nous a fait ouvrir les dossiers de Charenton, de la Salpétrière et les archives de la Préfecture du Loiret, pour y rechercher les pièces officielles concernant Mlle Rouy. C'est ainsi que nous avons découvert les ramifications qui rattachaient l'histoire de cette malheureuse femme à des intrigues secrètes dont Orléans semblait être le quartier général et qui constataient, comme ne l'ont que trop prouvé les évènements postérieurs, l'existence d'une mystérieuse association acharnée à la destruction universelle.

l'extrait officiel de son baptême en fait foi (1) *Petracchi, fils de feu Pierre.*

C'était une personne fort énigmatique que cette Hersilie Rouy, élevée comme sa fille par M. Charles Rouy (2), directeur de l'Observatoire de Milan, astronome et savant distingué, à laquelle sa famille a contesté plus tard cette filiation sans jamais demander aux tribunaux d'en faire justice. Pianiste de talent, reçue dans le meilleur monde, elle est tout-à-coup enlevée de chez elle en 1854 et enfermée comme folle pendant quatorze ans, sans que rien ait prouvé cette folie. Peut-être la société de l'Etoile d'Or voulait-elle détruire ainsi la portée de ses révélations; toujours est-il qu'elle n'a cessé, durant sa séquestration comme après sa mise en liberté, de solliciter une enquête qui aurait éclairé le pouvoir sur les véritables motifs de son internement et sur l'usage abusif qu'on peut faire des maisons d'aliénés. Mlle Rouy a obtenu, en dédommagement de son injuste et illé-

____

(1) Mémoires d'une aliénée, pièces justificatives, f⁰ 496.

(2) M. Doinel, archiviste du Loiret, nous écrit qu'un citoyen *Rouy*, a été procureur syndic du

gale séquestration, de larges indemnités, arrivées trop tard et dont elle n'a pas joui longtemps, mais elle n'a jamais obtenu qu'on tînt compte de ses dires.

Elle a laissé sous le titre de *Mémoires d'une aliénée* (1) un ouvrage où en racontant sa triste odyssée, elle affirme les dangers qui menacent l'ordre social tout entier, religion, famille, propriété. Longtemps à l'avance, elle a dénoncée le nihilisme (2). Les uns la considé-

---

district de Pithivers, en 1792 et 1793. Ce Rouy qui avait été le premier président élu de la société populaire de cette ville, fut poursuivi comme terroriste après la chute de Robespierre. Il se pourrait que ce fût l'astronome. On voit dans les papiers de sa fille qu'il avait été emprisonné à St-Lazare après la terreur et qu'aussitôt remis en liberté il était parti pour Londres, dont il était revenu deux ans après, en 1796. Les dates concordent.

(1) Paris, Ollendorff, 1883, 28 bis, rue de Richelieu.

(2) Extraits de la déposition adressée au Préfet de police par Mlle Hersilie Rouy, le 4 mai 1871. (Archives de la Préfecture du Loiret).

« ..... Il me dit, (l'émissaire de Pierre), que
« le testament de Pierre avait huit exécuteurs
« formant une société formidable et occulte
« dont le but était un *bouleversement univer-*

raient comme une folle, d'autres comme
une intrigante ; pour ceux qui l'étu

« *sel*, les moyens d'autant plus sûrs qu'ils
« étaient inattendus et les agents *inconnus les*
« *uns aux autres* ; que ceux qui étaient *dési-*
« *gnés* par cette terrible association ne pou-
« vaient éviter leur sort, étaient des êtres *sans*
« *appui*, des enfants élevés par différentes fa-
« milles dans les mêmes conditions que nous,
« (Hersilie et ses deux frères, Ulysse et Télé-
« maque) ayant été *soumis à de cruelles*
« *épreuves* et devant venir à un moment
« donné soulever des réclamations de *noms*,
« *d'identité, d'intérêts,* amenant à leur suite
« des questions générales d'égalité, de droit,
« de justice et de croyance, attaquant les ins-
« titutions civiles et religieuses,.... N'ayant
« plus d'état-civil, les registres devenus inu-
« tiles seront anéantis..... Pour atteindre ce
« but, rien ne sera épargné. On se servira
« aussi bien de la terreur superstitieuse que
« des crimes commis sur les marches *du trône*
« comme dans les bouges les plus infects. *On*
« *remuera la cendre des morts* La liberté de
« la femme sera proclamée ; les enfants hors
« la loi dits enfants de Dieu.
«   ..... — Il me communiqua quatre signes
« de ralliement devant attester la présence
« des exécuteurs de l'œuvre et de leurs agents ;
« ces signes sont :

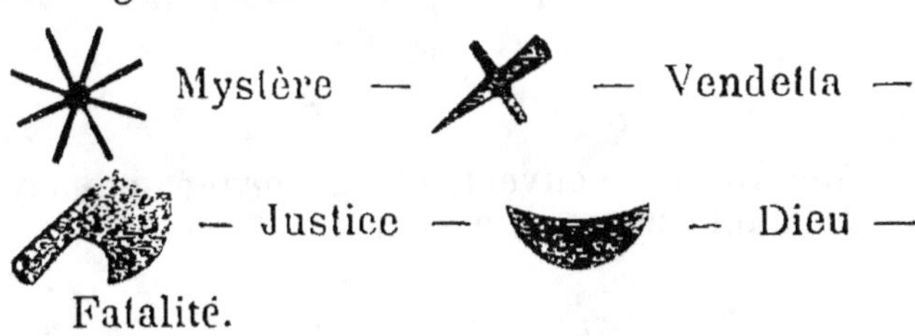

dièrent sérieusement, c'était une femme
d'une intelligence et d'une énergie
exceptionnelles, victime de son ambi-

..... Il me dit aussi « ... Qu'en 1870 l'Em-
« pereur ne régnerait plus, qu'il y aurait un
« grand bouleversement..... qu'en 1874 on
« se réunirait... qu'un nouveau bouleverse-
« ment aurait lieu..... mais dans un autre
« sens, *par droit divin*.....
Elle nous écrivait, le 14 octobre 1868.
« Voici quinze ans que je fais comme Cas-
« sandre .... Souvent je me dis que j'essaie
« une lutte impossible ! Mais l'horreur de voir
« un immense 93 se renouveler, de voir mettre
« le feu aux mairies, aux asiles, aux églises ;
« de voir pendre des prêtres, des médecins,
« de voir..... des religieuses livrées à tous
« les outrages. ... me poussent toujours à
« crier : De grâce ! Justifiez-moi, au nom de
« votre propre salut ! »
« Puis je retombe anéantie, brisée, en
« voyant le mépris répondre à mes cris, et je
« reste pétrifiée en voyant l'œuvre de Pierre
« s'avancer à grand pas ; les libres-penseurs,
« les garibaldiens, les athées s'élever, et l'E-
« glise, sapée par tous les bouts possibles,
« ne résister que par l'aumône, que par le
« luxe, que par une lutte désespérée.....

signé ⁂

Mlle Rouy a souvent, et *par ordre*, employé
cette étoile comme signature,

tion et de son orgueil qui l'avaient poussée à s'engager dans la voie mystérieuse où la bizarrerie de sa naissance l'avait placée, mais qui a reculé devant l'énormité du bouleversement social auquel elle devait contribuer. Cette partie de son existence a été racontée par nous, sous des noms supposés dans les *Mémoires d'une feuille de papier*. Il faut les lire pour se rendre compte de ce qu'est cette association formidable, dont le chef s'appelait toujours *Pierre, fils de feu Pierre*, en quelque pays, sous quelque nationalité qu'il se présentât, (1) et qui prétendait accomplir les volontés dernières du cardinal Petrucci, l'implacable adversaire de Léon X, mort étranglé dans sa prison.

La princesse Stéphanie de Bourbon-Conti, autre agent de l'Etoile d'Or, raconte elle-même son histoire, qui est des plus extraordinaires, dans des *Mémoires* publiés en 1798, dont elle n'a, je crois, jamais donné la suite et qui se trouvent à la bibliothèque d'Orléans.

---

(1) Dans un article sur l'organisation des nihilistes en France, publié par le *Gaulois* du 2 novembre 1882, il est dit que le chef du Comité de Paris est un nommé Krukoff, dit *Petruski*.

Elle était fille du prince de Bourbon-Conti et de la duchesse de Mazarin. Trois jours avant celui où Louis XV avait promis d'accorder à son père sa légitimation, l'enfant, alors âgée de dix ans, fut enlevée et conduite en Franche-Comté par une femme Delorme, sa gouvernante, qui la faisait passer pour sa fille. Pendant ce temps, on écrivait à son père qu'elle était morte d'un accident de chasse et son acte de décès était dressé à Viroflay où on lui faisait des funérailles splendides.

Quelques années plus tard, Mme Delorme la forçait à épouser un sieur Bellier, avec le nom et les papiers d'une fille qu'elle avait perdue. Après des aventures sans nombre, Stéphanie de Bourbon, s'échappant d'un couvent où son mari l'avait fait enfermer, revint à Paris, réclamant à grands cris son titre et ses droits.

Elle fut très-protégée par le comte de Provence qui lui permit de résider dans une maison lui appartenant et lui accorda même une pension, bientôt supprimée par la Révolution. Chose singulière, la Convention lui accorda également un logement gratuit, malgré le dévouement dont elle faisait montre pour la famille royale.

Elle prétendit même avoir eu la permission d'entrer au Temple et d'y voir Madame Royale qui l'aurait appelée **sa** cousine, et s'être approprié *la tête, les pieds et les mains de Louis XVI !*

Ses agissements ne furent pas du goût du gouvernement. Elle fut envoyée en surveillance à Orléans ; une lettre du ministre de la police, datée de 1806, dit qu'elle y est déjà depuis longtemps. Elle y était donc lors du passage de Petracchi.

D'Autibes, l'autre agent désigné par la *Note* et que nous trouvons également en surveillance à Orléans, y est en relations fréquentes avec Stéphanie de Bourbon. Il orne de vers à sa louange le portrait gravé au commencement de ses Mémoires. En 1808, il refuse son changement de résidence, il s'obstine à demander main-levée absolue, sachant bien qu'il ne l'obtiendra pas, mais ayant intérêt à demeurer où il est. Son seul crime est, dit-il, de s'être inscrit en tête de la liste des citoyens qui avaient offert leur liberté en échange de celle de Louis XVI. Un pareil dévouement aurait assurément trouvé grâce après la Terreur, mais les gouvernements, les ministres de la police se succèdent sans que leurs rigueurs se relâchent. En

1813, le duc de Rovigo, comme Réal
en 1808, écrit au Préfet du Loiret :

Je vous ai recommandé par ma circulaire
du 10 mai dernier de porter une attention
tout particulière à la conduite du sieur
d'Antibes. Les circonstances exigent que
cette surveillance ne se ralentisse pas. Je
vous invite à renouveler les ordres que
vous avez donnés à cet effet et à me faire
connaître les résultats que cette surveillance aura présentés depuis le dernier rapport que vous m'avez fait.

La Restauration ramena le protecteur
de Stéphanie de Bourbon, enfin re-
vêtu de ce pouvoir souverain qu'il am-
bitionnait depuis si longtemps. Elle reçut de lui, avec le rétablissement de sa
pension, un bureau de tabac, situé sur
la place du Martroi, à Orléans. Elle éta-
lait fièrement sur l'enseigne son nom
princier de Bourbon-Conti. » Elle portait, dit Larousse qui lui consacre un
assez long article dans son Dictionnaire,
« un cordon bleu qu'elle prétendait lui
« avoir été donné par Louis XVI et
« elle continua à s'en affubler jusqu'à
« la fin de sa vie. Elle mourut en
« 1825. »

Cette femme, victime du hasard de
sa naissance, livrée à des influences
pernicieuses, jolie, intelligente et

rusée, laissa la réputation d'une intrigante, sans qu'aucun de ses biographes ait jamais pu définir le rôle qu'elle avait joué.

Ces deux personnages avaient vraisemblablement pour mission de préparer les voies du faux dauphin qu'on devait opposer plus tard au véritable, et au moyen des renseignements, à la fois vrais et faux, donnés à la famille Marotte du Coudray, d'opérer sa scission complète avec Alexandre.

En 1804, au moment où Petracchi venait en France styler ses deux agents, des documents, ou plutôt des ordres étaient adressés par Belmonte Brivazac chef de la questure de la police génoise, au véritable dauphin, malheureusement tombé sous la domination de Robespierre et de Barras et *d'un pouvoir plus fort que le leur*, 3 ans après sa sortie du Temple, dit l'un de nos correspondants.

Dès lors pesa sur toute son existence une puissance à la fois protectrice et tyrannique, qui sauvegarda sa vie, le laissa parfois exercer ses revendications en tant qu'elles pouvaient ébranler les droits acquis, mais l'arrêta toujours dans les circonstances décisives où il aurait pu faire triompher la vérité.

Nous voyons dans *Louis XVII, vengé,*

que le dauphin fut affilié très-jeune à la
franc maçonnerie. « Fait prisonnier par
« les Mamelucks, leur chef, Mourad
« Bey, lui sauva la vie parce qu'il était
« affilié comme lui à une société se-
« crète fort répandue en Afrique (1).....
« Le dauphin ne s'était arrêté qu'au
« but de la maçonnerie extérieure : la
« philantrophie et le divertissement
« dans l'égalité et la fraternité..... il ne
« connaissait pas le but secret, poli-
« tique et infernal de la Maçonnerie oc-
« culte et supérieure, visant le renver-
« sement des trônes et des autels.

Plus tard, selon *la Légitimité*, t. Ier,
page 309, « il siégeait dans la Société
« maçonnique comme 32e*.*, c'est-à-dire
« *Prince du royal secret*..... En revenant
« de Gaëte....., il demanda au Grand
« Orient le grade suprême maçonnique
« de 33e *.*, celui de *Souverain grand ins-*
« *pecteur général*, nous ne savons s'il
« l'a obtenu. »

Nous n'avons aucune notion sur l'importance de ces grades et doutons fort
de l'exactitude de cette assertion ; mais
si ce fait est vrai, on y reconnaîtra la

---

(1) Voir *l'Inflexible*, n°s 47 et 48, et V. de
Stenay, f°s 57 et 238.

main de Pierre (1). C'était l'inévitable
moyen de mettre obstacle à la reconnaissance du dauphin par la pieuse duchesse d'Angoulême et d'ameuter contre
lui tous les croyants de l'entourage de
cette princesse, qui pensèrent faire
œuvre pie en empêchant l'entrevue
qu'elle voulait avoir avec son frère sur
son lit de mort (2). M. de Montbel, à qui
en revient la responsabilité, avait eu cependant plus d'une fois occasion de reconnaître, ainsi qu'on nous l'écrivait
dernièrement, « quel danger il y a pour
« un peuple quand ceux qui le gouver-
« nent ont appuyé leur trône sur le
« mensonge et l'injustice. » Le danger

(1) L'étoile accompagnant l'indication de ces
hauts grades maçonniques est une très-pe-
tite étoile à huit branches en tout semblable à
celle qu'Hersilie employait souvent en guise
de signature, dont l'apparition publique,
comme en 1870, annonçait la présence du
chef de l'association. Cela indique les relations de la Société de l'Etoile d'Or avec la
franc-maçonnerie.

(2) Les communications d'ecclésiastiques
recommandables avaient décidé Mme la duchesse d'Angoulême à ordonner, en 1839, l'enquête de Bruges, (voir f° 35). Une visite de
M. le Vte Sosthène de la Rochefoucault, duc
de Doudeauville, la détermina à l'acte de ré-
conciliation et de suprême justice qu'il ne lui
fut pas permis d'accomplir.

n'est pas moindre pour un roi, la chûte de Charles X l'a prouvé, et M. de Montbel aurait dû s'efforcer d'appuyer les espérances du prince auquel il était dévoué sur un loyal retour à la justice et à la vérité.

Nous avons correspondu pendant un certain temps avec un des défenseurs les plus zélés des Naüdorff, pour lequel ce que nous publions aujourd'hui ne sera peut-être pas absolument une révélation, car il nous écrivait, en mars 1883 :

« Le Pierre Petracchi expulsé d'Or-
« léans sous le Consulat n'accompa-
« gnait-il pas un enfant soupçonné
« d'être Louis XVII ? A ce propos vous
« avez jeté le nom de Naüdorff au bas
« de la page 313 (3) d'une façon bien
« un peu sommaire...... »
Nous lui répondîmes :
« Nous croyons savoir que ce Pe-
« tracchi était en effet mêlé, avec une
« autre personne, à l'histoire d'un faux
« dauphin, mais nous n'avons que des
« on-dit. On nous a promis des docu-
« ments précis ; si nous les recevons,
« nous vous en ferons part très-volon-

---

(3) Dans les *Mémoires d'une Feuille de papier*.

« tiers. On a tenu dans le plus grand
« secret ce qui concernait ce Petracchi,
« fils de Pierre, ainsi que le *Manifeste*
« *de Charles X* répandu à la même
« époque..... Quant à Naündorff, ce
« n'est pas la première fois que vous
« avez entendu dire que c'était une
« créature des sociétés secrètes, car
« M. Benoist, l'avocat-général, l'a dit
« au procès de 1874. »

Cette réponse a clos notre correspondance.

Nous ferons remarquer qu'à l'époque
où Naündorff *recevait dans une forêt un
passeport remis par un généreux inconnu,*
venait du fond de la Russie, théâtre de
tant d'actes étranges concernant Hersilie Rouy, un émissaire dont le nom
russe était *Pétrowich,* fils de Pierre.

« Cet homme, reconnu comme très-
« dangereux pour la société, est arrêté,
« condamné à un an de prison et à la
« transportation, si pendant l'année il
« n'est pas réclamé (1). »

Nous trouvons enfin dans un passage
des renseignements adressés le 7 juillet
1839 au ministre des Affaires Étrangères, par l'ambassadeur de Prusse, cité

---

(1) Archives du Loiret.

par Jules Favre, la preuve que le malheureux Alexandre du Coudray, ou Naündorff, comme on voudra l'appeler, essaya, lui aussi, de secouer le joug auquel il était attaché. Nous citons textuellement :

..... Il osa même écrire, le 27 mars 1836, au prince royal : « Je vous déclare d'abord « que la vie de l'empereur de Russie est en « danger si l'on ne prend les mesures les « plus effiaces et les plus promptes ; si l'on « a besoin de mes conseils, je suis prêt à « les donner.

« Je veux que votre Altesse sache que je « suis bien informé de tous les secrets des « conjurés, en voici la preuve : voyez les « papiers soigneusement cachés dans l'ar- « moire du cabinet du roi votre père. Lui « seul a les clefs. Ces papiers sont scellés « depuis la mort du prince de Hardenberg, « parce qu'ils contiennent les motifs poli- « tiques et secrets de ma suppression en « 1813 et 1814. »

Ainsi donc, le tzar était déjà désigné comme le premier qui devait disparaître parmi les monarques de l'Europe ; si les bruits qui ont couru sur la mort de l'empereur Nicolas sont exacts, Alexandre II serait la seconde victime royale des nihilistes en Russie.

Avant de terminer cette publication, nous avons voulu nous mettre en rapport avec la plupart de ceux qui ont connu Richemont et qui existent encore.

Nous publions aux pièces justificatives, f° 95 les fragments les plus intéressants de cette volumineuse correspondance, sans donner le nom de ses auteurs, quoique bien peu nous aient demandé de le taire, mais pour ne pas les exposer inutilement à d'injurieuses attaques. Le mouvement qui se fait actuellement autour de cette question depuis si longtemps endormie ; l'assignation lancée par les Naündorff contre la veuve et les héritiers du comte de Chambord ; les récents ouvrages de MM. de la Sicotière et Chantelauze, qui commentent et rééditent Eckart comme l'avait fait avant eux M de Beauchesne; celui de M. Nauroy, favorable à l'évasion et qui semble bien près d'abandonner ses dauphins hypothétiques pour celui dont nous soutenons la cause, tout nous prouve que le moment approche où il ne sera plus possible de cacher la vérité sans laisser triompher l'imposture et où tous ceux qui se taisent encore aujourd'hui viendront apporter leur concours à la réhabilitation de l'infortuné baron de Richemont.

Il nous reste seulement à examiner,

en présence de l'abus fait par la *Légitimité* d'une bénédiction sans signification politique accordée par le Saint-Père à Mme Amélie de Laprade, quelle a été la conduite du Vatican à l'égard des deux prétendants au titre de fils de Louis XVI.

Le pape Pic VI, dans une allocution aux cardinaux, en 1798 avait formellement reconnu l'évasion et l'existence de Louis XVII.

Naündorff est confirmé par l'évêque de Versailles. Mgr Blanquart de Bailleul, averti tardivement de la qualité que prenait celui auquel il venait d'administrer ce sacrement, suspend de ses fonctions M. Appert, curé de Saint-Arnoux, ce qui n'a pu se faire sans qu'il en ait déféré au Souverain Pontife.

En 1833 un bref de Grégoire XVI, condamnant les erreurs de Vingtrass, de Naündorff et de quelques autres, désigne le second par ces mots : *cet homme perdu qui se dit faussement duc de Normandie* (1). Second démenti infligé à Naündorff.

---

(1) Il nous répugnerait de reproduire ici les termes véhéments et indignés du désaveu infligé à Naündorff en 1842 par sept de ses plus dévoués partisans. En 1874, M. Jules Favre lut à l'audience une rétractation de l'un des

Richemont avait fait sa première communion à Bologne pendant la campagne d'Italie. Ce fut seulement après son retour de Gaëte qu'il reçut le sacrement de confirmation. Il lui fut conféré, le 21 janvier 1850, par Mgr Rœss, évêque de Strasbourg (1). Certains journaux confondant sans doute, avec ou sans intention, Naündorff et Richemont, prétendirent que celui-ci avait été confirmé deux fois. Mgr Blanquart de Bailleul, devenu archevêque de Rouen et dont par conséquent l'évêque de Strasbourg

---

signataires de cet acte, M. Xavier Laprade, disant que ce désaveu ne portait que sur les opinions religieuses et non sur l'identité du prétendant, et qu'il pensait, en l'interprétant ainsi, exprimer la pensée de son frère et des cinq autres signataires. (Plaidoirie de Jules Favre, page 358).

Le texte est trop formel pour accepter cet échappatoire, surtout quand on songe que ce M. Xavier Laprade, parlant seul au nom de tous sans leur aveu ou tout au moins sans leur sanction, est..... le *mari* de Madame Amélie.

(1) Mgr Rœss était si convaincu de l'identité de Richemont et du dauphin qu'il la proclamait en toute occasion. Cela indisposa tellement Napoléon III, dit le *Figaro* du 5 novembre 1874. dans sa *Biographie des évêques de France*, que Mgr Rœss fut au moment de résiger son siége. L'inauguration du chemin de fer de Strasbourg lui donna heureusement l'occasion de rentrer en grâce.

était le suffragant, protesta contre cette calomnie et rétablit les faits.

On démentit aussi l'entrevue de Gaëte, ou tout au moins que Richemont y eût été accueilli comme fils de France. Le nonce du pape, consulté, dit-on, par ordre de madame la duchesse d'Angoulême, aurait répondu n'en pas avoir eu connaissance. L'ignorance du nonce n'est qu'un argument apparent contre la réalité de cette entrevue, ébruitée avant l'heure par le zèle indiscret de quelques amis du prince, alors que le pape se croyait obligé de la tenir secrète, par déférence pour le gouvernement de la France qui l'aidait à reconquérir ses états. Cela explique que les représentants du pape à l'étranger n'en aient point été informés.

Enfin ce qui montre que l'opinion du Vatican n'a pas changé en ce qui concerne la valeur des revendications des Naündorff, c'est ce passage d'un mandement tout récent de l'évêque de Nîmes :

Nous signalons aussi les *Annales du Surnaturel*, publiées à Nîmes, sans approbation, où l'on peut relever, entr'autres erreurs, tout ce qui concerne les prétendues apparitions de la Sainte-Vierge à Boulleret. On s'efforce d'accréditer sous le patronage de Marie, par des visions ridicules, la mission politique et religieuse d'un Naündorff, fils d'un soi-disant Louis XVII. C'est prendre le masque de la piété pour couvrir la folie. La raison et l'histoire suffisent pour faire justice de ce prétendant, qui est un Hollandais. Mais c'est faire injure à la Sainte-Vierge que de la mêler à toute cette intrigue et il est odieux de tromper les simples en faisant intervenir le surnaturel.

Nous ferons remarquer qu'avec la prudence inhérente à sa haute position ecclésiastique, l'évêque de Nîmes, qui tranche si nettement la question quant aux Naündorff, la laisse entière en ce qui touche l'évasion.

Cette tendance à voir partout une intervention surnaturelle est générale chez tous les partisans de la monarchie qu'on a appelée de droit divin. Qu'ils soient les fidèles du comte de Chambord, de Richemont ou des Naundorff, tous ont le tort de vouloir appuyer sur des prophéties ce qui ne doit l'être que sur des faits, et de prétendre imposer comme un acte de foi une conviction qui ne peut naître que d'une certitude historique.

C'est mêler maladroitement le sacré au profane, au grand détriment de tous deux.

Certains partisans convaincus de Richemont ont bien été jusqu'à croire que

son décès au château de Gleizé était
une mort simulée pour le soustraire au
danger d'être assassiné et qu'au moment propice on le verrait reparaître
triomphant. Cette croyance, uniquement basée sur ce passage d'une vieille
prophétie : — *La vie à Royne fils deux
fois on desniera*, — doit commencer à
s'ébranler ; aujourd'hui Louis XVII aurait quatre-vingt-dix-neuf ans et il est
hors de doute qu'il repose depuis 1853
au petit cimetière de Gleizé, tout contre
lemur de la chapelle de Mme d'Apschier.

Si la nouvelle contenue dans le n° du
17 février 1884 de la *Légitimité* est
exacte, Léon XIII serait mis en demeure
de se prononcer sur le véritable Louis
XVII, non pas comme pape, ceci n'étant
pas une question religieuse, mais
comme détenteur des pièces qui ont
dicté l'opinion de ses prédécesseurs et
qui se trouvent aux archives du Vatican. Elle annonce que le comte de
Chambord, dont le testament n'a jamais été livré au public, et dont les in
téressés eux-mêmes n'ont connu que
la partie les concernant, aurait, par une
clause particulière, reconnu le fait de
l'évasion du dauphin et déféré au Saint-
Siège la reconnaissance de l'identité.

LE
DERNIER DAUPHIN
DE FRANCE

I.

LES PRÉTENDANTS PRUSSIENS.

Le 10 septembre 1883, les trois fils du Prussien Naündorff ont adressé au peuple Français un curieux manifeste où se déclarant fils et héritiers de Louis XVII, continuant par conséquent la branche aînée des Bourbons, ils mettraient à néant, si leur prétention était admise. celles des d'Orléans, Bourbons d'Espagne, de Parme, d'Anjou et *tutti quanti*.

Ils s'étaient d'abord adressés aux tribunaux, avant d'en appeler au peuple Français.

Déboutés une première fois en 1851, puis en 1873, malgré la brillante plaidoirie de M⁰ Jules Favre, ils ne s'étaient pas tenus pour battus et avaient fait appel de ce jugement en avril 1881.

La mort de leur adversaire avant que la cause n'ait été appelée, les détermine à changer de batterie, ainsi que nous le disions dans la Ville de paris du 27 juillet dernier.

« Pourquoi? demandions-nous. Le comte
« de Chambord est le dernier de sa branche,
« mais non de sa race.

» Depuis le 21 janvier dernier, la famille

« Naündorff a fondé un journal hebdoma-
« daire, la LÉGITIMITÊ, destiné à soutenir ses
« droits au nom de Bourbon, porté publique-
« ment par elle en Hollande, et à préparer
« les esprits en vue de ce procès.

« Une vingtaine de chapitres d'un ouvrage
« intitulé le ROI DE FRANCE, y ont déjà été
» consacrés à prouver uniquement, non pas
« que Naündorff était Louis XVII, mais la
« réalité de l'évasion. La question d'identité
« viendra plus tard. Elle sera, selon les es-
« pérances des héritiers de Naündorff, d'au-
« tant moins difficile à résoudre en leur fa-
« veur qu'ils se trouvent maintenant les
« seuls prétendants à cette royale origine,
« Louis XVII étant mort sans postérité se-
« lon toute apparence.

« C'est à proprement parler, enfoncer une
« porte ouverte ; il n'est personne aujour-
« d'hui ayant étudié à ses sources l'histoire
« de la révolution et celle du commencement
« de ce siècle, qui ne soit convaincu de l'é-
« vasion du malheureux petit captif. Ceux
« qui n'ont pas eu le loisir de faire un pa-
« reil travail n'ont qu'à lire l'histoire de
« Louis Blanc pour partager cette convic-
« tion.

« Mais qu'est-il devenu ? Les précautions
« prises pour protéger la vie du royal
« enfant et des complices de sa fuite, le se-
« cret dont ils se sont entourés, la mort de
« l'enfant substitué arrivée juste au moment
« où les Vendéens attendaient sa remise
« pour proclamer Louis XVII ; tout cela

« rendait bien difficile d'établir l'identité du
« fugitif. Ainsi qu'on l'a dit, en sauvant l'en-
« fant on avait tué le roi.

« Aujourd'hui qu'il n'existe plus aucun
« de ceux ayant joué un rôle dans ce roma-
« nesque épisode de notre histoire, il est
« presque impossible de démêler la vérité
« et le champ est libre pour l'imposture.
« Nous avons lu un ouvrage intitulé : *La*
« *Survivance du roi martyr*, où l'évasion
« est racontée, par Naündorff lui-même, avec
« un luxe de substitutions, d'évasions, de
« cachots, d'invraisemblances et d'impossi-
« bilités telles, qu'une forte dose de cré-
« dulité et d'amour du merveilleux est
« nécessaire pour y voir autre chose que le
« rêve d'un cerveau mal équilibré. Aussi
« est-ce une grande maladresse, d'après
« l'appréciation d'un des partisans les
« plus sincères de Naündorff, d'avoir com-
« mencé par ce récit fantastique qui rebute
« le lecteur.

« Comment s'y prendra-t-on pour réparer
« cette maladresse, pour substituer une ver-
« sion posthume de quelque valeur au récit
« du héros même de l'aventure ? cela passe
« notre entendement, nous l'avouons sans
« fausse honte, et nous attendons avec
« quelque curiosité la façon dont l'auteur de
« la LÉGITIMITÉ se tirera de ce pas difficile.

« Nous préférerions le procès et la lutte
« au grand jour. Non qu'il nous importe
« beaucoup de savoir à qui restera en défi-
« nitive l'ombre du trône et de la couronne,

« mais dans l'espoir que la vérité se dé-
« gagera enfin de la discussion publique.

Dans son numéro du 23 septembre, l'or-
gane hebdomadaire des Naündorff re-
produisait cet article, moins sa conclusion, et le faisait suivre de cette dé-
daigneuse note :

« On ne répond pas aux gens *mal
élevés*. »

Etre mal élevé, suivant la *Légitimité*,
c'est dire, comme nous l'avons fait, que
Louis XVII est mort sans postérité, et par
conséquent se refuser à croire que les
Naündorff soient ses fils.

Hélas ! que de gens mal élevés en
France ! Ce sont pourtant ceux-là qu'il
faudrait convaincre et il semblerait naturel
de commencer par leur répondre.

Mais les gens bien élevés ont sans doute
une logique à eux qui n'est pas accessible
au vulgaire.

La discussion publique à laquelle nous
faisions appel pour nous éclairer, paraît in-
définiment ajournée. La lettre par laquelle
les fils de celui qui, sur la foi du bourg-
mestre de Delft, aurait été Louis XVII, pro-
testent contre le titre de chef de la Maison
de France donné au comte de Paris, ne
nous renseigne pas sur l'époque où ils
comptent saisir de nouveau les tribunaux de
leur affaire.

Leur appel sera périmé le 6 avril 1884.
Mais comme, ainsi qu'ils ont eu la précaution de l'annoncer dans la *Légitimité* du

12 août, ils peuvent le renouveler et bénéficier ainsi d'un nouveau délai de trois ans, la question ne nous semble pas près d'aboutir.

Nous engageons ceux de nos lecteurs qui désireraient fixer leur opinion sur la réalité de l'évasion, à lire l'opuscule publié par M. Nauroy, *Les Secrets des Bourbons*. Ils y verront à quel point Louis XVIII à sa rentrée en France était préoccupé de l'existence de son neveu. Plusieurs notes et rapports de police extraits des archives nationales, (sûreté générale), témoignent du soin avec lequel on recherchait et faisait taire les témoins, peu nombreux, qui vivaient encore. Les principaux avaient disparu. Robespierre et Simon avaient péri sur le même échafaud, le 10 Thermidor, accusés de *complot royaliste*. La Restauration en faisant une pension à la sœur de l'*Incorruptible* avait acheté son silence.

M. de Frotté, auteur principal de l'évasion, avait été fusillé en 1800, quatre ans après le général de Charette, et Ojardias assassiné.

Mais il restait encore le prince de Condé par les ordres duquel les précédents avaient agi et contre lequel on n'osait rien ; Fouché, qui grâce à ce secret qu'il pouvait révéler, avait su s'imposer à Louis XVIII, près duquel on voyait avec étonnement comme ministre de la police un de ceux ayant voté la mort de son frère; et la veuve Simon, qui interrogée et menacée à plusieurs reprises, persistait, à travers toutes les tergiversations de détail, à affirmer l'existence du dauphin et la part qu'elle avait prise à son évasion.

On la dit folle et on l'enferma à la Salpétrière. C'était déjà un bon moyen pour se débarrasser des gens et ôter tout crédit à leurs affirmations. Pourtant le docteur Rémusat et les différentes sœurs qui eurent la veuve Simon dans leur service, sont unanimes à déclarer qu'elle avait toute sa raison et qu'à l'article de la mort elle confirma ses premiers dires.

On lui fit subir un interrogatoire lors du procès de Mathurin Bruneau ; mais on se garda bien de l'y faire figurer comme témoin, quoiqu'on en eût d'abord l'intention. Elle eût assurément démasqué le faussaire, ce qui n'était pas difficile, mais elle avait ajouté *que devant la justice elle dirait tout ce qu'elle savait*, et c'est ce qu'il fallait éviter à tout prix.

Louis XVIII avait voulu élever un monument à son neveu : les plans en étaient dressés, l'inscription choisie ; on peut la lire dans l'*Histoire de Louis XVII* publiée en 1816, par Eckart. Mais la cour de Rome qui savait à quoi s'en tenir sur la prétendue mort du dauphin, en exigea sans doute une preuve plus authentique que l'acte de décès du Temple, avant d'autoriser un monument funèbre et des prières qui eussent été un sacrilège. La *Ville de Paris* a publié, dans son numéro du 23 janvier 1882, le courageux refus de l'abbé Dubois, l'ancien curé de Ste-Marguerite, d'attester par un mensonge que le corps de Louis XVII reposait dans le cimetière de son église. Il était pourtant hors de doute que l'enfant mort au Temple y avait été enterré.

Le roi renonça à son projet à cause, dirent les officieux, de la difficulté de savoir où était le corps de son neveu.

Cela empêchait-il de prier pour lui? Non si l'on n'avait pas été certain qu'il existait encore.

Voilà pourquoi Louis XVII n'a jamais eu de monument ni de prières à la chapelle expiatoire ; pourquoi la famille royale ne voulut pas accepter le cœur de l'enfant mort au Temple que le docteur Pelletan avait soustrait pendant l'autopsie ; pourquoi elle n'accepta pas davantage la mèche de cheveux coupée sur la tête de cet enfant et recueillie par Damont, disant imprudemment *qu'ils n'étaient pas de la même nuance que ceux du Dauphin* ; (1) pourquoi plus tard la duchesse d'Angoulême refusa au nouveau curé de Sainte Marguerite l'autorisation de rechercher les restes qui passaieut pour ceux du dauphin et de les placer dans une des chapelles de son église, sous prétexte : *qu'il fallait se garder de réveiller le souvenir de nos discordes civiles* ; pourquoi enfin quand en 1847, à la

____

(1) M. Chantelauze, *Revue de la Révolution*, du 5 août 1883.

suite de travaux exécutés à l'église Sainte-Marguerite on découvrit le cercueil qui, suivant la déclaration des fossoyeurs, devait contenir les restes du dauphin, le squelette qu'on y trouva portant les traces de scrofules et de section du crâne exactement décrites dans le procès-verbal d'autopsie, était celui *d'un enfant d'environ quinze ans, à cheveux rouges.*

Qu'était donc devenu le dauphin? Ici M. Nauroy, si riche en documents sur l'évasion, déclare, sans en apporter un seul à l'appui, que largement pourvu du côté de la fortune par sa sœur, la duchesse d'Angoulême, il est mort à quatre-vingt-sept ans, ignoré et content de son sort, à Savenay (Loire-inférieure) sous le nom de La Roche.

Or aucun La Roche n'est mort à l'époque indiquée, pas plus à Savenay que dans aucune autre commune de l'arrondissement.

Du reste, M. Nauroy ne tient pas absolument à son La Roche, dont Naündorff aurait été le valet de chambre, selon lui, car quelques pages plus loin, il prétend retrouver un dauphin, — encore plus obscur et probablement moins content, — dans un vagabond, décédé le 9 Janvier 1872 à l'hospice de Savenay, après *neuf mois de séjour,* sous les simples prénoms de *Louis-Philippe,* sans indication de nom de famille, d'âge, de lieu de naissance, de domicile antérieur.

Sont-ce deux dauphins? ou La Roche a-t-il poussé l'abnégation jusqu'à venir passer les derniers mois de sa vie parmi les indigents d'un hôpital pour dissimuler plus sûrement sa véritable identité? M. Nauroy ne s'explique pas sur ce point.

Aucune de ces suppositions ne tient debout.

Ceux qui ont lu les *Mémoires d'une feuille de papier*, que j'ai publiés l'année dernière savent la vérité sur Louis XVII. Le cadre restreint de cette étude ne nous permet pas d'entrer dans des détails qui feraient d'ailleurs double emploi. Nous allons en résumer succintement les points essentiels.

II.

LE VRAI LOUIS XVII.

Dans la troisième partie des *Secrets des Bourbons*, M. Nauroy passe rapidement en revue les quatre principaux personnages ayant revendiqué la personnalité du Dauphin. Trois ont été convaincus d'imposture, Hervagault en l'an x, Mathurin Bruneau en 1818, et Naündorff, ou du moins ses héritiers, en 1851 et 1873, jugements dont ils appellent aujourd'hui.

Tout en rangeant Richemont parmi les faux Dauphins, voici comment M. Nauroy s'exprime sur son compte :

« Celui-ci fut le plus intelligent et le plus
« énigmatique de tous... Il a encore ses
« croyants, quoiqu'étant mort depuis près
« de trente ans. Il est resté enveloppé d'une
« ombre épaisse que je ne puis percer.
« Tout dans le peu qu'on sait de lui est
« étrange....

« Dans le procès qui lui fut fait en 1834,
« il raconta une sorte de roman sur sa vie ;
« on ne saurait dire ce qui peut s'y trouver
« de vrai.... et le jugement rendu contre
« lui n'est donné qu'incomplètement par la
« Gazette des Tribunaux. Quand il meurt
« en 1853, on met les scellés sur ses pa-
« piers comme s'il était détenteur de secrets
« d'Etat.

« ...... Richemont mourut au château de
« Vauxrenard, à Gleizé, près Villefranche
« (Rhône) chez la comtesse d'Apschier dont
« le mari avait été page à la Cour sous
« Louis XVI, d'une attaque d'apoplexie
« foudroyante. »

La comtesse d'Apschier, ajouterons-nous
d'après nos renseignements particuliers,
était une ancienne dame d'honneur de la
duchesse d'Angoulême.

Conformément à la teneur de son acte de
décès rédigé sur le vu d'un passeport qui
venait de lui être délivré à Paris pour
Naples, on grava l'inscription suivante sur
la tombe de celui qu'on appelait alors le
baron de Richemont.

Ci-gît

Louis-Charles de France.

Né a Versailles le 27 mars 1785.

Mort a Gleizé, le 10 aout 1853 (1).

Ceci en France, attesté par MM. Ennemond de Nolhac et Dominique Lachat, curé
de Gleizé, témoins dans la déclaration de
décès faite devant M. René de Vauxonne,
maire de Gleizé, a une autre portée que les
actes obtenus pour Naündorff à l'étranger.

« En 1851, (pourquoi attendit-on cinq ans?

______

(1) Une lettre de M. Suvigny dit même que
l'inscription portait : fils de Louis XVI et de
Marie-Antoinette ; si la pierre n'a été que re-
tournée et non grattée, il serait possible de s'en
assurer.

« Encore une énigme, continue M. Nauroy)
« le ministrede l'Intérieur, M. de Persigny,
« donna ordre au sous-préfet de Ville-
« franche de faire disparaître l'inscription
« et ceci fut mis à la place :

— 1785. —

NUL NE DIRA SUR SA TOMBE :
PAUVRE LOUIS,
QUE TU FUS A PLAINDRE !
PRIEZ DIEU POUR LUI.

La date de la naissance conservée et ce seul nom de Louis prouvent l'impossibilité où se trouvait le gouvernement d'alors d'assigner au défunt une identité autre que celle qu'il revendiquait.

Mais ce que M. Nauroy ignore ou ne dit pas, et ce que nous avons relevé au greffe du tribunal de Villefranche, c'est l'étrange jugement de 1859 qui, sans enquête, sans *aucune pièce à l'appui*, réforme l'acte de décès dont nous venons de parler, annule la déclaration complémentaire dont l'avaient appuyé un mois après trois amis particuliers de ce Louis né en 1785, et, *pour empêcher un mensonge historique de se perpétuer*, décide que l'individu mort le 10 août 1853 chez Mme la comtesse d'Apschier, est un *inconnu* se disant baron de Richemont.

A ceux qui soutiendraient, et avec quelqu'apparence de raison, qu'un tribunal français n'a pu rendre une décision semblable sans la baser sur autre chose que son

bon plaisir pour faire d'une affirmation gra-
tuite une vérité officielle, nous offrons communication de ce singulier jugement.

Quel était donc cet inconnu qui en soixante
huit années d'existence n'avait même pu
acquérir une possession d'état quelconque ?
Quel roman a-t-il raconté lors de son
procès de 1834, qui faisait dire dans son
résumé, au président des assises, devant
l'impossibilité de lui attribuer un nom, une
famille, une origine quelconque :

« Serait-ce un infortuné sauvé comme
« par miracle des horreurs d'une sanglante
« révolution ? Proscrit, frappé d'anathème
« par sa naissance elle-même, ne trouvant
« plus de nom, d'asile, pour reposer sa
« tête ? »

Nous allons résumer brièvement son histoire d'après un petit livre plein de faits, de
documents, d'attestations signées des noms
les plus connus et dont les Naündorff, qui
les empruntent souvent pour se les appli-
quer, ne contestent pas l'authenticité. Il a
été publié en 1851 par M. Suvigny, avocat,
sous ce titre : *La Restauration convaincue
d'hyprocrisie* etc., *ou Preuves de l'existence
du fils de Louis XVI.* Nous la compléterons
par des documents inédits.

Le 19 janvier 1794, les époux Simon quit-
taient la prison du Temple, enlevant le
Dauphin dans une manne recouverte de
linge sale, après avoir mis à sa place un
enfant muet, idiot, scrofuleux, à cheveux
rouges, fils de M. le baron de Tardif qui

l'avait sacrifié pour sauver le petit prince.

Pour dissimuler le substitution et par ordre probablement des membres de la Convention qui.en avaient été complices, ce malheureux enfant fut immédiatement séquestré dans sa chambre, aux fenêtres de laquelle on plaça des hottes en bois qui la maintenaient dans une demi-obscurité ; sa porte fut condamnée et munie à la partie supérieure d'un grillage en fer avec un guichet par lequel on lui passait sa nourriture. Défense fut faite SOUS PEINE DE MORT au garçon de cuisine chargé de son service de lui adresser la parole. Et pendant six mois il n'eut d'autre gardien que des officiers municipaux se renouvelant toutes les vingt-quatre heures, pris à tour de rôle dans les quarante-huit sections de Paris.

A sa sortie du Temple, le Dauphin fut remis à MM. de Frotté et Ojardias, émissaires du prince de Condé. Il resta caché à Paris jusqu'à ce qu'on pût le faire conduire en Vendée, où il demeura dans le plus strict incognito, présenté seulement à quelques chefs principaux. Avant son départ, il avait vu Joséphine, alors Mme de Beauharnais, dont l'influence sur Barras avait facilité son évasion.

Pichegru commandait alors en chef l'armée du Nord et venait d'y remporter d'éclatants succès. Séduit par les offres du prince de Condé qui lui promettait un million comptant, deux cent mille livres de rentes, Chambord, le duché d'Artois, etc., il avait consenti au commencement de 1795 à servir la cause de Louis XVII.

Mais redoutant l'ambition du comte de Provence qui aurait assurément refusé de reconnaître son neveu, officiellement détenu à la tour du Temple, dans l'enfant qn'on en avait fait sortir, les chefs vendéens comprirent que sous peine d'établir une scission qui eût affaibli et achevé de ruiner leur parti, il fallait pouvoir présenter publiquement le fils de Louis XVI.

C'est pourquoi, gardant le secret sur l'évasion, ils négocièrent avec la Convention et obtinrent par les articles secrets du traité de la Jaunaie que le prisonnier du Temple leur serait rendu le 15 juin 1795.

L'enfant mourait le 8. La substitution avait été découverte, de là l'hésitation qui fit retarder jusqu'au 12 la rédaction de l'acte de décès, les irrégularités de cet acte et l'omission de la reconnaissance du cadavre par la seule personne qui pût en attester réellement l'identité, Madame Royale, sœur du petit prince. Aussi eut-elle toujours des doutes sur la mort de son frère, bien que la raison d'Etat et les préventions que lui donnèrent les sentiments républicains dont elle le savait animé, l'aient empêchée plus tard de l'accueillir comme elle le devait.

Louis XVII étant mort officiellement, peu importait l'existence de Louis-Charles de France. Pourtant le 14 juin, la Convention ordonnait par un décret de poursuivre ce prétendu mort échappé, et quelques enfants, victimes d'une ressemlance, étaient arrêtés puis remis en liberté.

Charette, n'ayant plus à garder aucune mesure, essaya, par une énergique proclamation, de soulever les débris de son armée en faveur du jeune prince. Mais Pichegru devenu suspect avait été destitué et ce secours important faisant défaut, le découragement s'était répandu parmi les Vendéens.

Il développa en vain devant eux l'étendard blanc fleurdelysé sur lequel il avait fait broder *Vive Louis XVII!* Ses précautions tournaient contre lui. Pourquoi n'avoir pas fait constater la présence du dauphin avant qu'un acte officiel ne l'eût rayé du nombre des vivants ? Hélas ! parce que bien peu auraient pu reconnaître dans ce pâle et triste fugitif l'enfant plein de gaîté et de vie qu'ils avaient connu autrefois et que trop d'entre eux auraient été prêts à le désavouer, soit qu'ils le crussent réellement mort au Temple, soit qu'ils agissent à l'instigation du comte de Provence. Charette échoua devant la lassitude des uns, l'incertitude des autres et ne put que faire embarquer au plus vite le dauphin que l'on conduisit à l'armée de Condé.

Précieusement conservé par sa famille, le drapeau de Charette figura aux obsèques du comte de Chambord ; tous les journaux ont parlé de cet épisode et dit qu'un *jeune homme* le déploya sur le cercueil royal. Il semblait déjà singulier que les cinq petits-fils de Charette eurent laissé cet honneur à un autre (1) ; mais ce qui explique peut-être leur abstention, ce que les journaux n'ont pas dit et ce que nous trouvons dans la *Légitimité*, page 657, c'est que ce drapeau, symbole d'une race évanouie, avait conservé l'inscription *Vive Louis XVII !* posthume et suprême reproche du dauphin méconnu au dauphin exilé, réunis aujourd'hui dans la mort.

La tentative de Charette ne fut pas la seule qui fut faite en faveur du malheureux petit prince et nous trouvons au *Moniteur* le compte-rendu de la séance du 6 Messidor (27 juin), où Chénier vint dénoncer les troubles de Lyon. L'émeute y parcourait les rues au cri de *Vive Louis XVII*, dont dix-huit jours auparavant Sévestre était venu annoncer la mort à la tribune de la Convention. Aussi le prote fait-il suivre d'un point d'interrogation ce nom, qui n'a soulevé cependant aucun étonnement, puisqu'on ne signale aucune interruption, aucune protestation de la part d'ancun des membres présents.

« Qui pourrait nier encore. dit-il, que le
« but de ces conspirations ne soit la ruine de
« la République ? .. quand le comité de
« sùreté générale, sans compter une foule
« de pièces *que la prudence ne permet pas*
« *de divulguer encore*, tient entre ses mains
« le *cachet qui doit servir de ralliement*

---

(1) M. le comte Guerry de Beauregard.

« aux prétendus fidèles de Lyon ? quand le
« nom de Précy, déjà proclamé, chanté
« dans les lieux publics, est gravé sur ce
« cachet *avec celui de Louis XVII* ?

Le général Louis-François Perrin, comte
de Précy, ancien lieutenant-colonel de la
garde de Louis XVI et l'un de ses plus dévoués serviteurs, avait commencé à agiter
Lyon en faveur du fils de son souverain
décapité, aussitôt après le 21 Janvier. D'où
vient que ces troubles avaient acquis une
gravité nouvelle lorsque celui en faveur
duquel ils se produisaient venait de mourir ?

Chénier, objectera-t-on, parlait d'une situation déjà ancienne et l'agitation royaliste
se continuait en faveur du comte de Provence. Cette objection tombe d'elle-même,
puisque l'orateur signale ce cachet aux noms
réunis dé Précy et de Louis XVII, non pas
comme *ayant servi*, mais comme *devant
servir* à rallier ses partisans.

« Quel serait donc l'aveuglement qui
« pourrait porter quelques hommes à vouloir
« méconnaître des desseins aujourd'hui
« tellement prononcés ? s'écrie-t-il ; faciles
« à étouffer sans doute si nous vonlons leur
« opposer l'activité, la prudence et l'union,
« mais bien redoutables s'ils n'ont à com-
« battre que des efforts isolés, des vues
« contraires ou diverses.

Docile à ces pressantes objurgations, la
Convention nationale décrète la suspension
des pouvoirs de tous les corps administra-
tifs de Lyon et mande à sa barre le Maire et

les principales autorités, jusques et y compris l'accusateur public du département du Rhône.

Prend-on de telles mesures pour combattre un fantôme ?

Il est à remarquer qu'il n'est pas soufflé mot du comte de Provence, héritier naturel de son neveu et prêt à profiter de tout ce qn'on avait fait pour lui. Contre Louis XVII, la Convention n'avait pas de meilleur allié que celui qui depuis si longtemps aspirait à devenir Louis XVIII et n'avait pour cela reculé devant rien. Elle le savait, et les royalistes le savaient aussi.

Informé presqu'en même temps du décès du prisonnier du Temple et de l'évasion de son neveu, le comte de Provence se hâta de se rendre à l'armée de Condé. Celui-ci n'eut d'autre ressource que de se résigner, au moins provisoirement, à laisser proclamer Louis XVIII et à éloigner le dauphin qui ne se trouvait plus en sûreté près de lui. Il lui chercha pour appui un loyal adversaire. Kléber ayant accepté d'être son protecteur, le capitaine de Damas le conduisit à ce général dans les derniers jours do 1796.

Louis-Charles l'accompagna en Egypte. Kléber le faisait passer pour le fils orphelin d'une de ses parentes et lui confia les fonctions d'aide-de-camp, qu'il remplit avec une grande bravoure, quoi qu'il fût à peine âgé de quatorze ans.

Tombé malade en 1800, il prit passage sur *L'Étoile* avec Desaix, auquel Kléber avait tout raconté et qu'il suivit à l'armée d'Italie en qualité d'aide-de-camp.

Brusquement accueilli, sur le champ de bataille de Marengo, par Bonaparte qui était loin de se douter qu'il fût en présence du fils de Louis XVI, mais qui soupçonnait ce jeune officier de l'avoir desservi, de connivence avec Kléber et Pichegru, daus un rapport au Directoire, le dauphin irrité vint secrètement à Paris en 1801. Il vit Lucien Bonaparte, auquel il se plaignit des procédés de son frère et eut avec lui une assez vive altercation. Il rejoignit néanmoins son poste.

Revenu en France l'année d'après, il y demeura jusqu'en 1804. Il revit Lucien qui l'accueillit parfaitement, et lui raconta sa naissance et ses malheurs. Il confia à Fouché, pour lequel il avait une lettre de recommandation de Desaix, une cassette contenant un écrit du prince de Condé, qui relatait tous les détails de l'évasion. Il revit aussi Joséphine et visita la femme Simon aux Incurables.

C'est alors que Pichegru s'évada de Sinnamary, revint en France et y trama avec Georges Cadoudal une nouvelle conspiration royaliste à laquelle le dauphin prit part. Il assistait sous le nom de CHARLES au conciliabule de Chaillot. Grâce à la protection de Joséphine et de Fouché, il ne fut pas arrêté et s'embarqua dans le courant d'avril pour les Etats-Unis. Moins heureux, Pichegru était trouvé mort dans sa prison et le duc d'Enghien fusillé à Vincennes.

Il existe dans les archives de la police secrète une pièce fort curieuse et inédite, démontrant quel était le véritable but de cette conspiration confondue avec tant d'autres sous le titre de conspirations royalistes. C'est uue lettre confidentielle du ministre de la police générale, en date du 24 Nivose an xiii, (25 décembre 1804), adressée à tous les préfets de France, leur prescrivant la recherche et la destruction d'un écrit intitulé : « *Manifeste de Charles X, roy de France.* »

Quel était ce Charles X ? Ce ne pouvait être le comte d'Artois, séparé du trône par son frère le comte de Provence, contre lequel il n'avait jamais conspiré. On ne peut davantage attribuer ce manifeste à Naündorff qui prétend être resté enfermé à Vincennes et ailleurs jusqu'en 1809. Ce Charles est donc évidemment celui qui ne fut Louis XVII que dans sa prison. Le nom de Charles avait été le sien jusqu'à la mort de son frère aîné. En le reprenant alors et renonçant à continuer la série des Louis, c'était comme une protestation tacite contre les idées de vengeance dont on disait les royalistes animés. Nous verrons plus tard que les titres de fils de Louis XVI et de citoyen français sont les seuls que le duc de Normandie ait réellement ambitionnés.

Après avoir voyagé quelque temps en Amérique, il se fixa au Brésil, où le régent l'avait accueilli comme étant véritablement le dauphin de France.

Malgré les sages conseils de don Juan, il ne put résister au désir de revoir sa patrie et revint en Europe en 1810. Arrêté à Civita Vecchia, il fut conduit à Rome et interrogé par le général Radet qui consentit à le faire conduire à Paris d'où Fouché, son infatigable protecteur, le fit repartir pour le Brésil.

La confirmation de ce fait a été donnée d'une manière fort inattendue, au moment de la mort de Naündorff, par M. Hébert, ex-directeur des postes de l'armée d'Italie, dans une lettre que publièrent le *Siècle* et le *Courrier Français*.

« Si le duc de Normandie, mort à Delft le
« 10 août 1845, est le même personnage que
« j'ai vu à Rome dans les premiers jours
« de mai 1810, en état d'arrestation, subis-
« sant un interrogatoire dans le cabinet de
« M. Radet, général de gendarmerie, il se-
« rait effectivement le fils de Louis XVI.
« Cette conviction, je l'ai puisée *dans celle*
« *du général Radet* qui venait d'interroger
« le prévenu, de lire les pièces dont il était
« porteur. »

Le dauphin accepta de don Juan, en 1812, la direction d'une expédition contre Goa révoltée, parcourut l'Asie, l'Océanie et revint au Brésil en 1814.

Il y apprit les évènements de l'Europe et rentra en France au moment où la seconde Restauration était accomplie. Il vit Fouché, le prince de Condé, fit sonder, mais inutilement, Louis XVIII et fut présenté, vers les premiers jonrs de mai, à la duchesse d'Angoulême qui, sans le méconnaître, le repoussa comme nous l'avons dit plus haut.

Parmi les témoignages constatant cette entrevue, nous citerons l'attestation de M. le comte de Pons, alors page du comte d'Artois, dont nous donnons la teneur aux pièces justificatives.

Il semble difficile, en présence de semblables faits, de nier l'identité de celui qui se donnait comme l'orphelin du Temple, et de prendre au sérieux aucun autre prétendant, venant quinze ans plus tard exposer les mêmes revendications.

C'est pourtant ce qu'espèrent les petits-fils de Naündorff et voici comment leurs partisans expliquent ces faits qu'ils ne peuvent démentir.

Naündorff aurait fait la connaissance d'un officier français prisonnier en Allemagne, nommé *Marassin* et doué d'une certaine ressemblance avec la famille des Bourbons, Ce Marassin, libéré ou évadé, je ne sais plus lequel, aurait été chargé par Naündorff lui-même de jouer le rôle de faux dauphin, à charge de dire qu'il n'était que le mandataire du véritable et de faire connaître sa résidence, s'il était pris au sérieux et obtenait une entrevue du roi ou de la duchesse d'Angoulême. On s'explique mal pourquoi, au lieu de faire ses affaires lui-même, Naündorff embrouillait ainsi à plaisir une question déjà assez difficile par elle-même. Que le procédé fût absurde, tout le monde en conviendra ; mais du moins on a le témoignage, la correspondance, quelque preuve de l'existence de ce Marassin et du rôle qu'il jouait? Non; Marassin a disparu sans laisser de traces. Seulement pour les fidèles de la *Survivance*, tout ce qu'a fait le véritable dauphin, c'est à Marassin qu'ils l'attribuent. Nos lecteurs apprécieront.

Après l'insuccès de ses tentatives, le dauphin, obligé de s'expatrier de nouveau, data d'Edimbourg, 1er juin 1816, en qualité de fils de Louis XVI, une protestation contre les évènements accomplis en France et contre les traités de 1814 et de 1815. Il l'adressa à tous les souverains de l'Europe.

C'était s'en faire autant d'ennemis.

Il dut bientôt le reconnaître. Croyant ses traces perdues, après deux années de voyage, il s'aventura sur les terres Autrichiennes et fut arrêté près de Mantoue, dépouillé de son argent, de sa correspondance, de l'écrit du prince de Condé, que Fouché lui avait consciencieusement rendu, et sur la demande *officieuse* du prince de Caraman, ambassadeur de France, incarcéré à Milan.

Là il fut vu par Silvio Pellico qui lui consacre plusieurs chapitres de ses Mémoires et par Andryane, qui cité comme témoin au procès de 1834, reconnut parfaitement le prisonnier enfermé avec lui sous le nom de Bourbon, se disant duc de Normandie, fils de Louis XVI et de Marie-Antoinette avec lesquels il avait une prodigieuse ressemblance.

Dans la lettre où il confiait les papiers qu'on avait saisis sur lui à la garde de l'empereur d'Autriche, le duc de Normandie revendiquait hautement sa parenté et des juges pour connaître le crime motivant son arrestation. Mais il fut relâché comme il avait été incarcéré, sans jugement, après sept ans et demi de forteresse. Pourtant une loi de l'Empire d'Autriche punit de mort ceux qui se disent faussement parents de la famille impériale.

On ne rendit au duc de Normandie ni son argent ni ses papiers. Privé des pièces établissant son identité, Louis XVII n'était plus désormais que le baron de Richemont.

III.

LE BARON DE RICHEMONT.

D'où vient ce nom et pourquoi, parmi tous ceux qu'il prit pour dépister les re-recherches, le dauphin, à partir de 1827, semblait-il adopter plus particulièrement celui-là ?

Aucun des nombreux ouvrages que nous avons consultés ne donne de renseignement sur ce point qui ne fut jamais discuté.

Ce silence s'explique.

Ce nom est celui d'un justicier. Henri Tudor, depuis Henri VII, le portait à la bataille de Bosworth, où fut vaincu et tué en 1485, Richard III d'Angleterre, le spoliateur de ses neveux, le meurtrier des enfants d'Edouard IV.

Plutôt que de rappeler ce souvenir, on préféra, même en 1834, condamner le dauphin sous le nom de *Henri Hébert*, avec lequel il était rentré en France et avait le plus habituellement traité ses affaires d'intérêt.

On ajouta : *se disant baron de Richemont.*

On lui avait signifié dans sa prison la mort de Louis XVIII. Charles X régnait lorsqu'il fut remis en liberté. Il gagna la Suisse ; mais des ordres étaient donnés pour l'empêcher d'y résider et le faire arrêter à la frontière. Empruntant le nom et le passeport d'un honorable citoyen de Genève, le proscrit était cependant parvenu à pénétrer en France et s'apprêtait à retourner au Brésil lorsqu'il apprit la mort de don Juan. C'était son dernier ami, le prince de Condé étant mort en 1818.

Que faire ? se faire oublier d'abord. Il entra comme surnuméraire dans les bureaux de la préfecture de Rouen et y demeura environ un an ; après quoi il revint à Paris et adressa, le 2 février 1828, à la chambre des pairs, une réclamation signée *le duc de Normandie*, qui contenait ces paroles :

« Il ne réclame point le trône de ses pères;
« il appartient à la nation qui seule a pu, et
« peut en disposer ; il demande seulement
« à votre équité un asile pour sa tête qui ne
« peut reposer nulle part sans péril, et une
« patrie, que plus de trente ans d'exil n'ont
« pu lui faire oublier.

Cette réclamation n'eut aucun effet ; mais la police ne sut pas en découvrir l'auteur qui continua à résider tranquillement à Paris.

En 1830, il protesta comme citoyen français et comme chef de la branche aînée des Bourbons contre l'élection de Louis Philippe. Sa protestation fut publiée, répandue avec profusion et adressée à toutes les puissances étrangères.

En 1830, 1831, 1832, 1833, le fils de Louis XVI se mêla aux agitations politiques de la presse et fit imprimer plusieurs brochures ; il s'occupait en même temps à réunir les éléments de sa réclamation d'état.

Une conférence eut lieu à ce sujet, en février 1833, chez M° Le Roy, avocat, en présence de M° Debetbeder, avoué. Les documents ayant été jugés suffisants, on y arrêta les bases de la requête.

Jusque là le gouvernement avait jugé plus prudent de laisser le baron de Richemont s'agiter dans l'ombre que de discuter ses prétentions au grand jour. Mais il allait lui-même en saisir les tribunaux ; il fallait le prévenir et le compromettre d'une façon qui permît de le mettre en jugement pour une cause entièrement différente de celle qu'on redoutait.

Une certaine femme Durut, se disant comtesse des Deux-Ponts, entra en relations avec le prince sous prétexte de lui faire recouvrer les papiers dont l'Autriche l'avait dépouillé. Il se laissa d'autant plus facilement prendre à cet appât que cette femme lui donnait sur la teneur de ces papiers, leur forme, leur date, leurs caractères distinctifs, des détails si précis qu'elle devait assurément avoir vu, sinon les originaux, au moins des fac-simile très-exacts. Elle servit d'intermédiaire à une correspondance fort active entre le prince et un nommé Berger, personnage fantastique dont il fut impossible de retrouver les traces et qu'on pense être Carlier, chef de la police des Tuileries.

La comtesse des Deux-Ponts soutira ainsi

à **M.** de Richemont d'assez fortes sommes destinées à payer son voyage en **Autriche** où les papiers devaient lui être rendus. Le procès-verbal de son évasion dressé par le prince de Condé devenait d'autant plus indispensable au duc de Normandie, que plusieurs des pièces qu'il avait cru déposer en mains sûres avaient été achetées par la police. La trahison d'un de ses principaux défenseurs qui les livra, et dont nous pourrions citer le nom, fut récompensée par une place lucrative en province.

M. de Richemont fut arrêté le 29 août 1833, sous la banale accusation de complot.

On, saisit tous ses papiers parmi lesquels se trouvaient des lettres autographes du prince de Condé, un manuscrit de la duchesse douairière d'Orléans et une correspondance avec le soi-disant Berger où le gouvernement d'alors était fort maltraité.

Il subit quatorze mois de détention préventive, après lesquels, ayant épuisé tous les moyens de le perdre en achetant de faux témoignages dont on ne pouvait trouver aucune preuve, ou de le corrompre en lui offrant, dit-on, jusqu'à la main de la princesse Clémentine pour obtenir sa renonciation à ses droits, il fallut bien que le procès commençât.

M. de Richemont comparut le 30 octobre 1834, devant la cour d'assises de la Seine, accusé :

1° De complot ayant pour but un attentat contre la vie du roi et des membres de la famille royale, la destruction du gouvernement et l'excitation à la guerre civile ;

2° De délits de presse ;

3° De possession d'une imprimerie clandestine ;

4° De port d'une arme prohibée ;

5° D'escroqueries et de tentatives d'escroquerie.

L'affaire occupa six audience .

Dès la seconde, M. Morel de Saint-Didier se présenta à la barre porteur d'une lettre de réclamation de Naüudorff, se disant le véritable fils de Louis XVI, traitant le baron de Richemont de fourbe, d'intrigant, d'imposteur, etc.; cette lettre était signée *Charles-Louis.* Interpellé sur cet incident, M. de Richemont se contente de répondre : « Quand un citoyen quelconque réclame un « nom, il doit au moins le connaître : le fils « de Louis XVI s'appelle *Louis-Charles* et « non Charles-Louis. » — Cette réponse produisit une sensation profonde, car jusque-là M. de Richemont était resté muet à toutes les questions du Président.

On ne sait quel nom lui attribuer; un prisonnier enfermé avec lui à Sainte-Pélagie prétend le reconnaître pour Hervagault. Malheureusement Hervagault est mort à Bicêtre en 1812.

Un autre veut reconnaître en lui Mathurin Bruneau. Mais Mathurin Bruneau est mort, le 26 avril 1822, au mont Saint-Michel où l'on conserve encore son crâne.

On discute les faits d'escroquerie, com-

mis à Rouen et à Lyon; les victimes dési-
gnées déclarent unanimement, de vive voix
et par écrit, n'avoir jamais eu qu'à se louer
de la délicatesse de ses procédés et citent
de lui les plus beaux traits de bienfaisance,
si bien que le président ne peut s'empêcher
de dire : — « C'est bien, mais cela prouve
qu'il possédait une grande fortune puisqu'il
la dépensait ainsi. »

Cette grande fortune d'où venait-elle? M.
de Richemont le dit lui-même; le prince de
Condé, la duchesse douairière d'Orléans
avaient pourvu généreusement à tous ses
besoins, et don Juan avait assuré son avenir.

Le baron de Richemont a possédé plus de
cent mille livres de rentes. Et c'est un
homme dans cette brillante position de fortune dont il est impossible de découvrir l'o-
rigine ? Auquel on n'a pu assigner un nom?
Est-ce croyable ? Et cela indique-t-il autre
chose que la résolution arrêtée de ne pas lui
donner celui auquel il avait droit ?

MM. Andryane et de Caraman reconnais-
sent en lui le prisonnier de l'Autriche et leur
déposition produit une grande impression.
La femme Durut, interpellée par le prévenu
sur le rôle d'agent provocateur qu'elle a
rempli auprès de lui à l'instigation de la
police, s'écrie : » Je prie M. le Préfet de
faire tenir note de ce que vient de dire M.
le duc de Normandie.

— Le reconnaissez-vous donc comme tel?
demande le président, et cette femme répond : — « Oui, Monsieur. » Et quand la co-

lère la transporte, c'est toujours en l'appelant « M. le duc de Normandie ou *M. Louis XVII* » qu'elle invective le prévenu. »

Ces misérables accusations d'escroquerie écartées, M. de Richemont prit la parole et revendiqua hautement sa naissance royale.

« M. l'avocat-général, dit-il en s'adressant
« aux jurés vous a dit que je ne puis être
« le fils de Louis XVI... vous dit-il qui je
« suis? C'était son droit, sa tâche, celle de
« tous les parquets et de toutes les polices
« du royaume, le temps et les moyens ne
« leur ont pas manqué... Je les ai sommés
« formellement et à plusieurs reprises de le
« déclarer, ils ont tous gardé et gardent en-
« core le silence ! Vous l'apprécierez, Mes-
« sieurs, ce silence; il n'est pas celui de
« l'impuissance, mais de la mauvaise vo-
« lonté et de la crainte. » (*Moniteur*).

Une longue agitation suivit les explications qu'il donna sur son évasion du Temple, sur son emprisonnement à Milan, sur l'emploi de son temps depuis sa mise en liberté.

« — Vous savez, lui dit le président, que
« Messieurs les jurés ne peuvent connaître
« d'une question relative à votre état-civil :
« vous devez présenter une requête au par-
« quet de M. le Procureur du roi, *appeler*
« *votre sœur en cause*, et vous inscrire en
« faux contre l'acte de décès qu'on vous
« oppose et qui ne peut tomber que devant
« une inscription de faux. » (*Moniteur et Réformateur*).

Est-ce ainsi qu'on parle à un prévenu,

quand on croit avoir affaire à un faussaire
soulevant une question étrangère à l'accusation ?

Nous avons cité précédemment le résumé
des débats. Dans la bouche du Président des
assises ils avaient une portée considérable,
que viennent corroborer encore les paroles
échappées à l'avocat-général. Me Piston,
défenseur du baron de Richemont, avait dit
dans sa plaidoirie : — « Si la Convention
« n'avait pas su que l'enfant était sauvé,
« elle n'aurait pas poursuivi un autre enfant
« en présence du cadavre de celui qui était
« sous ses yeux. » — M. l'avocat-général
réplique vivement: « Cela ne prouve pas que
« votre client soit le duc de Normandie. » —
Non, certe ; mais cela prouve que l'évasion
était implicitement admise par le ministère
public.

Nous voudrions reproduire en entier la
noble et substantielle défense que prononça
le baron de Richemont. On la trouvera dans
les journaux du temps et spécialement au
Moniteur, dont la collection est dans toutes
les bibliothèques publiques. On aurait dû
le punir pour usurpation de nom et de qualité. On s'en est bien gardé.

Les accusations d'escroquerie et de complot contre la vie du roi sont résolues néga-
tivement par le jury ; les autres le sont
affirmativement et la Cour, après en avoir
délibéré, prononce qu'il résulte de la déclaration du jury que Henri Hébert, *se disant*
baron de Richemont, est coupable :

« D'avoir en 1830, 1831, 1832, 1833, par
« une résolution d'agir, *concertée et arrêtée*
« *entre deux ou plusieurs personnes restées*
« *inconnues,* formé un complot ayant pour
« but la destruction du gouvernement et
« l'excitatien à la guerre civile, etc. etc. »
Le condamne en conséquence à douze années de détention « Ordonne la destruction
de la presse et des écrits saisis. »

Cette dernière phrase contient le véritable
motif du procès, la destruction des preuves
restant au fils de Louis XVI, auquel on attribuait le maximum de la peine pour se
débarrasser de lui pendant le plus grand
nombre d'années possible.

Pourtant il s'échappait au bout de dix-huit
mois, passait à l'étranger où il demeura
deux ans, et on ne chercha ni à l'inquiéter
ni à le reprendre, lorsqu'en 1838 il revint à
Lyon. Bien plus, un agent qui voulait faire
du zèle l'ayant mis en état d'arrestation, il
fut relâché au bout de vingt-quatre heures.
On ne voulait pas s'exposer à le voir porter
de nouveau à la barre des revendications
comme fils de France. Quant au procès civil,
on lui avait pour longtemps ôté tout moyeu
de l'entamer ; il fallait des années pour en
réunir de nouveau les éléments. Puis ne
plaide pas qui veut, on ne saisit les tribunaux que quand ils y consentent. — « Con-
« naissez-vous un moyen de faire marcher
« la justice? » nous demandait un jour un
magistrat.

En 1839, M. de Richemont vint secrètement à Paris ; sa sœur, sollicitée de nouveau par lui, avait voulu éclaircir ses doutes, et commandé à MM. de Bruges et de Montchenu une enquête dont le résultat était favorable aux prétentions du réclamant. Mais il leur fut prescrit d'abandonner cette enquête sans faire leur rapport, (21 novembre 1837), et le vicomte de Montchenu ne put que donner à M. de Richemont l'attestation de ce qui s'était passé.

Nous en extrayons ce qui suit :

« Le comte de Bruges ayant été chargé par « Madame, duchesse d'Angoulême, de faire « une enquête sur le compte de son frère, *sorti* « *du Temple le 19 Janvier 1794*, me dit que « je lui étais associé dans cette recherche.

« On avait depuis longtemps bien des documents sur cette grave et importante affaire, « et pour nous, comme pour beaucoup « d'autres personnes, *l'existence* et *l'identité* « *furent complètes en la personne* du baron « de Richemont, condamné le 4 novembre « 1834, par la cour d'assises de la Seine, « pour complot.

« Le comte de Bruges est mort dans cette « croyance, dans cette foi (1); et si, comme « lui, je meurs avant le triomphe de cette « vérité, j'espère que ceux qui m'auront « connu, rendront témoignage et justice à ma « véracité, porteront secours, appui et dévouement à celui qui « est notre vrai roi. »

---

(1). Divers membres de sa famille nous l'ont encore affirmé récemment. E. B.

« C'est dans cette assurance et dans cette
« foi que je signe ce résultat de mes re-
« cherches et de ma conviction.
« Fait à Paris, le 8 novembre 1842.

« Signé : Vte DE MONTCHENU.

Déçu encore une fois de ce côté, M. de
Richemont résolut d'aller à Gaëte. Sûr de la
bienveillance du pape, il espérait obtenir
son intervention officieuse près de la duchesse d'Angoulême et rapporter la copie
de l'allocution du pape Pie VI faisant mention de son évasion et de son existence
ainsi que celle du traité secret de 1802
où, disait-on , ses droits avaient été réservés.

Accompagné de M. Noyer, son médecin
et de l'abbé Royannais, curé de Chauffry,
près Meaux, il obtint à Marseille un passeport au nom de Louis-Charles de France.
C'était au commencement de 1849, et aussitôt après les évènements de 1848 il avait
adressé au gouvernement une demande en
restitution d'état-civil. On savait donc très
bien que ce Charles de France se disait le
dauphin, ce qui donne une signification particulière à la délivrance de ce passeport.

C'est sur le vu de cette pièce, remise au
major de Yongh, commandant du palais, et
de son acte de naissance qui l'accompagnait,
que M. de Richemont fut introduit près de
Pie IX, non sous son nom d'emprunt, mais
comme le fils de Louis XVI. Il en obtint une

audience secrète de trois quarts d'heure, à la suite de laquelle le vénérable pontife, ayant ordonné de faire entrer MM. Royannais et Noyer, *les félicita de leur fidélité à leur prince.*

Nous savons que ce récit a été démenti tant qu'on l'a pu et que la *Légitimité* invoque un désaveu posthume de l'abbé Royannais ; mais nous avons entre les mains une lettre récente d'un des amis disant que celui-ci n'a jamais varié, pas plus dans son opinion sur l'identité de M. de Richemont avec le dauphin que sur les circonstances de l'entrevue de Gaëte. Loin de renier l'attestation signée par lui et M. Noyer en 1850, peu de mois avant sa mort il répétait encore à notre correspondant que, *dût-il en donner sa tête à couper*, il soutiendrait envers et contre tous que le Saint-Père avait reçu M. de Richemont comme fils de Louis XVI et l'avait, ainsi que M. Noyer, félicité de lui être demeuré fidèle.

On trouvera dans la *Revue Catholique* du 15 mars 1849, le récit exact de cette entrevue, et dans la *Gazette du Midi*, du 19 Janvier 1872, une nouvelle confirmation du récit de M. Noyer par lui-même.

L'article intitulé *Histoire contemporaine*, débute ainsi :

« Un médecin attaché au service de l'une
« de nos grandes compagnies de paquebots à
« vapeur, le docteur Noyer, nous adresse la
« lettre suivante destinée à mettre fin à la
« controverse sur la vie et la mort de Louis

« XVII. Convaincu que le jeune captif du
« Temple avait été soustrait à la garde de ses
« geôliers, il soutient et affirme que le véri-
« table et mystérieux Louis XVII est mort en
« 1853.

Nous citerons seulement le passage de cette
lettre où parlant des *Preuves de l'existence
du fils de Louis XVI*, publiées par M. Suvigny,
il écrit : — « Ouvrage où je figure comme un
« des témoins qui affirment l'authenticité des
« certificats contenus dans la brochure, té-
« moignage que je renouvellerais aujourd'hui
« si cela était nécessaire......

Signé : Le médecin de Louis XVII.

Noyer.

42, place Saint-Michel à Marseille, — (1).

Cela n'empêche pas certain collaborateur
de *la Légitimité* de prétendre tenir de bonne
source que M. Noyer, aussi bien que le respectable abbé Royannais, fils d'un colonel
de cavalerie, ancien compagnon d'armes de
Richemont, se sont rétractés et ont déclaré
le considérer comme un vil imposteur.

A force de répéter une calomnie, on finit
par la faire accepter au moins des lecteurs
superficiels. Nous ne nous lasserons donc
pas d'accumuler les preuves et les témoignages directs et de répéter que si plu-

---

(1). Extrait du *Louis XVII vengé*, par Victor
de Stenay. 1875.

sieurs des partisans de Naündorff sont venus à Richemont, aucun de ceux de Richemont ne s'est démenti pour aller à Naündorff, pas même M. Pictet, qui un mois après la mort de Richemont a affirmé sa croyance sur les registres de l'état-civil de Villefranche. M. Pictet fils ayant publié dans la *Légitimité* une lettre où il disait que son père avait été désabusé par Richemont lui-même, lui ayant avoué qu'il n'était *qu'un agent bonapartiste*, nous avons écrit au journal, invoquant la reconnaissance posthume tout-à-fait en désaccord avec cette dénégation de seconde main, et priant qu'on interrogeât M. Pictet lui-même, puisqu'il existe encore. On nous a répondu qu'il y avait là en effet, une *grosse inconséquence*, mais qui s'expliquerait plus tard. On nous priait d'avoir un peu de patience.....

Plus de six mois se sont passés depuis lors, qu'attend-on ? Est-ce la mort de M. Pictet pour se dispenser de l'interroger ?

Nous invoquerons à notre tour sur la réalité de l'entrevue de Gaëte, le témoignage d'un homme intègre, entouré de l'estime publique, bien connu par ses travaux historiques et littéraires et dont la bonne foi ne saurait être mise en doute. M. A. Nicolas, avocat à Marseille, qui y fut directement mêlé et qui a bien connu le baron de Richemont.

A la prière du R. P. Fulgence, procureur général des Trappistes près du Saint-Siège, il lui fit délivrer le passe-port au nom de

Louis-Charles de France avec lequel il se rendit à Gaëte, accompagné comme nous l'avons dit, de l'abbé Royannais et de M. Noyer, son médecin. A leur retour les trois voyageurs rendirent compte à M. Nicolas de leur entrevue que nous avons racontée plus haut. Celui-ci, dans l'intérêt même de Richemont et bien qu'il eût toute confiance dans sa sincérité, voulut obtenir d'un tiers désintéressé dans la question la confirmation d'un fait aussi important que sa réception comme fils de France par le Saint-Père, et le R. P. Fulgence lui en attesta l'exactitude. Rien n'est donc mieux prouvé que ce fait, en dépit de toutes les dénégations intéressées.

Devant l'usage abusif que faisaient les Naündorff de la bénédiction obtenue de S. S. Léon XIII par Madame Amélie, nous crûmes devoir adresser au Nonce, Mgr di Rende, une lettre, (12 décembre 1882), où nous lui demandions la portée réelle de cette bénédiction et la vérité sur l'entrevue de Gaëte.

Nous ne reçûmes aucune réponse.

Ayant appris que les archives du Vatican venaient d'être ouvertes aux recherches historiques, nous priâmes une personne ayant de hautes relations à Rome de vouloir bien s'y enquérir de ce qui concernait le baron de Richemont ; les archives avaient été subitement refermées

« On a vite reconnu, nous répondit-on, le
« sérieux inconvénient de la mesure qui

« avait été prise..... la situation politique ne
« permet ancune communication *du genre*
« *de celles que vous souhaitez.* Je vous le
« dis bien franchement, après trois tenta-
« tives faites près de personnages différents
« et tous les trois très influents à la cour de
« Rome. »

Nous comprenons jusqu'à un certain point
les motifs de ce silence. Oui, dans les circonstances actuelles, le pape doit moins que
jamais s'immiscer dans les questions tem-
porelles ; au moment où les trônes croulent,
où toute autorité politique ou religieuse est
battue en brèche, il peut sembler imprudent
et peu généreux de dévoiler la plus grande
iniquité de ce siècle, celle à laquelle se sont
associés tous les souverains de l'Europe.

Le Vatican seul avait eu le courage d'une
protestation muette. Jamais on n'a pu obtenir de lui de rendre des honneurs funèbres
à l'infortuné dauphin, dont ce refus suffit à
prouver l'existence.

Mais aujourd'hui que le silence gardé par
le Saint-Père sur la reconnaissance faite par
Pie IX de celui qui fut réellement Louis
XVII, favorise les descendants de *cet homme*
perdu qui se dit faussement Louis XVII,
ainsi que Grégoire XVI qualifiait Naündorff,
ce silence doit être rompu, car il aurait tous
les effets d'une complicité tacite.

Nous adjurons le Saint-Père, et des voix
plus autorisées se joindront bientôt à la
nôtre pour le lui demander, nous l'adjurons
de faire connaître la vérité dont il possède

les preuves et de confondre l'imposture.

Enfin dans une lettre qu'il nous adressait personnellement ces jours derniers, M. Noyer affirme de nouveau sa foi invincible, absolue, que M. de Richemont était bien le dauphin évadé du Temple, l'infortuné Louis XVII.

Quelques jours après le retour de Gaëte, une assignation en reconnaissance d'état-civil était lancée contre Mme la duchesse d'Angoulême ; l'espoir encore trompé d'un arrangement amiable fit différer d'y donner suite et la mort de la duchesse la réduisit à néant.

Devant les difficultés de toute nature qui lui étaient opposées, M. de Richemont voulut faire un appel à l'opinion publique, espérant qu'elle forcerait la justice à intervenir et c'est pourquoi fut publié, en 1851, l'ouvrage de M. Suvigny auquel nous avons fait de notables emprunts. C'était en effet la réunion et la discussion des preuves de l'existence du fils de Louis XVI et il en ressortait que ce fils était le baron de Richemont. L'ouvrage fut *supprimé* par ordre de la police, et peu après M. de Richemont mourait, frappé d'apoplexie chez Mme la comtesse d'Apschier, ainsi que nous l'avons raconté en commençant.

Les défenseurs des Naündorff déversèrent à pleines mains l'injure et l'infamie sur ce compétiteur resté redoutable, bien qu'il soit mort depuis trente ans. La qualité de fils de Louis XVI est un fait à établir et non un prix qu'on puisse gagner à force de bonne conduite. « Il avait, nous écrivait récemment M. Suvigny, qui existe toujours et ne se rétracte pas, « l'esprit, les qualités et les *défauts de sa race.* » Les Mémoires de Silvio Pellico rendent hommage à l'élévation de ses sentiments. Sa probité, sa générosité, sa délicatesse ressortent éloquemment des débats du procès de 1834.

Reste la question des mœurs. Nous ne prétendons pas dire que le petit-fils d'Henri IV vécût comme un chartreux; mais du moins n'était-il pas marié. *La Légitimité* lui prête trois filles naturelles, et peut-être ne sommes-nous pas au bout. Nous ne lui en connaissons qu'une. Comme sa naissance et son sexe lui interdisent tout rôle politique, il nous a semblé aussi inutile que déplacé de la mêler à cette discussion. Mais les filles récemment découvertes par la *Légitimité* ont fait leur chemin dans le monde ; l'une, selon M. de Cissey, a épousé le comte le Riccio, l'autre, suivant M. Nicolas, un illustre proscrit Hongrois, le comte de Goritz, neveu du comte Batthyany, connu dans les lettres sous le nom de *Henri Conscience.*

Si deux nobles familles d'Autriche et d'Italie, les deux pays du monde où l'on sait le mieux à quoi s'en tenir sur la valeur des revendications du baron de Richemont, n'ont pas dédaigné de s'allier à sa descendance illégitime, cela ne prouverait pas, ce me semble, qu'elles le considérassent comme un faussaire.

Seulement... seulement Henri Conscience, né à Anvers d'un père Français, n'a jamais porté d'autre nom, nous écrivait son fils.

Nous nous sommes adressés alors à M. Nicolas. Le comte de Goritz a bien épousé une fille de Richemont portrait vivant de Marie-Antoinette; il était très-lié avec Henri Conscience qui l'a autorisé à publier sous son nom quelques articles; de là l'erreur de M. Nicolas, ignorant qu'il y eût un romancier portant véritablement le nom d'Henri Conscience et l'ayant prêté à M. de Goritz.

Quoi qu'il en soit, Louis XVII étant mort sans postérité légitime, la ligne directe des Bourbons de France s'est éteinte avec lui. Quant à nous, notre but sera atteint si la publication de ce travail contribue à empêcher, comme le dit le jugement de 1859, *un mensonge historique de se perpétuer,* celui qui fait mourir Louis XVII au Temple; et un autre mensonge historique de s'établir, celui qui ferait des Naündorff les petits-fils de Louis XVI.

Edouard Burton.

PIÈCES JUSTIFICATIVES

Les limites restreintes de cet opuscule ne nous permettant de donner dans leur entier que les pièces inédites, nous nous contenterons de signaler les autres en renvoyant aux ouvrages où elles ont été publiées, ou aux folios de notre récit.

ÉVASION DU TEMPLE, LE 19 JANVIER 1794

1° Récit des évènements du Temple, par Mme **la duchesse d'Angoulême, p. 66.**

Louis Blanc, f° 693 de son *Histoire de la Révolution*, cite ce passage extrait de l'édition publiée en 1862, par *Poulet Malassis* d'après le texte original.

« Le 19 janvier nous entendîmes un grand « bruit chez mon frère, ce qui nous fit conjec- « turer qu'il s'en allait du Temple, et nous en « fûmes convaincues quand, regardant par un « trou de notre abat-jour, nous vîmes empor- « ter beaucoup de paquets.... et nous *restâmes « toujours persuadées qu'il était parti* »

Dans ce même passage, cité par M. de la Sicolière, cette phrase significative est remplacée par : — « *Mais j'ai su depuis que « c'était Simon qui était parti.* »

Il est probable que M. de la Sicotière

aura emprunté sa citation à l'édition de 1823.

2° Souvenirs sur Marie-Antoinette par la C^{sse} d'Adhémard, dame du palais, cités par Louis Blanc.

« ..... Malheureux enfant dont le règne
« s'est écoulé dans un cachot, où toutefois il
« n'a pas trouvé la mort ! Certes, je ne veux
« en aucune manière multiplier les chances
« qui s'offriront à des imposteurs, mais en
« écrivant ceci en mai 1779, je certifie, sur mon
« âme et conscience, être *particulièrement*
« *sûre* que S. M. Louis XVII n'a pas péri
« dans la prison du Temple....... »

3° Histoire secrète du Directoire, passage cité par Louis Blanc.

« Il paraît certain qu'on a trompé le public
« sur la véritable époque et sur le lieu de la
« mort de Louis XVII, Cambacérès en conve-
« nait, mais il ne voulut jamais révéler ce qu'il
« savait sur ce point. »

A la suite de cette citation, le grand écri-
vain ajoute :

... Les Bourbons à l'époque de leur retour
en France ménagèrent Cambacérès et après sa
mort firent séquestrer ses papiers. Il est certain que le rapport de Cambacérès sur la mo-
tion de Lequinio fut précisément tel qu'on
aurait du l'attendre d'un homme initié au secret
de l'évasion : car non-seulement le rapporteur

conclut contre la mise en liberté de l'enfant du
Temple, mais il prononce ces paroles singu-
lières, *où la réaparition éventuelle* du fils
de Louis XVI est *si clairement prévue*, et qui
semblent avoir été calculées de manière à en
détourner d'avance l'effet :

« Lors même qu'il aura cessé d'exister,
« on le retronvera partout et cette chimère
« servira longtemps à nourrir de coupables es-
« pérances. »

4. Déclaration de la femme Simon (f° 6.)

Procès-verbaux du Ministère de la police,
interrogatoires des 15 et 18 novembre 1816,
des 2 et 4 août 1817, reproduits en partie
par M. Nauroy dans *Les secrets des Bourbons*, où nous avons pris ces détails.

M. Suvigny cite un interrogatoire subi
en 1848 par les quatre sœurs survivantes de
celles qui avaient connu la Simon ou l'avaient
eue dans leur service à la Salpêtrière.
Cette pièce perdait de son importance en ce
qu'elle n'était signée que d'initiales. Nous
trouvons dans le *Louis XVII vengé* de Victor de Stenay les noms de tous les signataires de cet interrogatoire fait et dirigé par
M. l'abbé Mathieu et M. l'abbé André, auteur du *Dictionnaire du Droit Canon*.

La sœur Catherine Manliot rapporte :
« Que la défunte sœur Augustine lui racon-
« tait, d'après la Simon, comment eut lieu
« l'enlèvement de la Tour du Temple, qui
« se faisait par les ordres du prince de
« Condé.

« On amena dans une voiture plusieurs
« meubles, une manne d'osier à double fond,
« un cheval de carton (1) et plusieurs jou-
« joux dans la manne pour amuser le prince.
« Du cheval de carton, on sortit l'enfant
« qu'on substitua au prince, et l'on mit ce-
« lui-ci dans un paquet de linge sale qu'on
« mit dans la voiture avec la manne, et
« l'on tassa le linge de la Simon par des-
« sus. La femme Simon était très-occupée,
« elle déménageait du Temple ; quand il
« fallut sortir, les gardiens voulaient visiter
« la voiture, mais la femme Simon se gen-
« darma, les bouscula, criant que c'était
« son linge sale, et on la laissa passer.

Sœur Catherine dit encore : « Qu'étant à
« genoux au pied du lit de la femme Simon
« lorsqu'on lui administra les derniers sa-
« crements et que le prêtre lui ayant de-
« mandé si elle n'avait rien qui l'inquiétât,
« etc. elle répondit :

« — Je dirai toujours ce que j'ai dit, —
« qu'ayant demandé à sœur Augustine, qui
« était intime avec la femme Simon, ce que
« cela signifiait, sœur Augustine lui dit
« qu'en présence des sacrements et de la
« mort, la femme Simon avait voulu confir_

----

(1) Suvigny, certificat du sieur Arnault, ancien garde national, f° 20, pièce 2.

Idem, de Mme Joubert, f° 21, pièce 4.
Idem, de Mme L. veuve R. f. 21, pièce 5.
Idem, de Mme Chauvet de Beauregard, f° 23,
pièce 6.

« mer le témoignage qu'elle n'avait jamais
« cessé de rendre à l'évasion du Temple et
« à l'existence du prince dont la garde lui
« avait été confiée. »

Nous donnons également les réponses col-
lectives des quatre religieuses aux principales questions qui leur ont été posées.

— « La femme Simon était-elle folle ?

— « Non ; non, il n'y en a jamais eu au-
« cun signe.

— « Avait-elle du bon sens ?

— « Oui, elle avait le bon sens naturel et
« un grand cœur.

— « N'était-elle pas ivrognesse ?

— « Non ; oh ! non ; jamais ; jamais on ne
« l'a vue ivre ; j'amais nous n'avons ouï dire
« qu'elle bût, nous l'aurions su ; mais non.
« Elle s'emportait souvent contre celles de
« ses compagnes qui lui reprochaient la
« mort du prince.

— « L'avez-vous jugée sincère, franche et
« de bonne foi ?

— « Oui, oui.

— « A-t-elle été constante dans ses dires ?

— « Oui, oui, elle n'a jamais varié ni
« failli.

Fait à Paris, le 21 décembre 1848.

Ont signé : Sœur Euphrosine Benoist —
Sœur Catherine Manliot. — Sœur Lucie Jonnis. — Sœur Marie-Anne Scribe. (A l'hospice depuis 1810, 1811 et 1813.)

Ces signatures, auxquelles étaient jointes
celles de l'abbé Mathieu et de l'abbé André,
ont été légalisées par M. Radet, maire de

Montrouge, le 11 janvier 1849.

Il est assez curieux de voir confirmer ce que nous venons de dire par M. Chantelauze lui-même, dans l'article publié par *l'Illustration*, non pas d'après des documents *inédits*, comme il le prétend, mais en s'appuyant sur ceux que nous avons cités.

« Les agents du comte Auglès, dit-il,.....
« penchent à croire que, loin d'avoir maltraité
« le petit prince confié à sa garde, la femme
« Simon ne cessa d'avoir pour lui des soins
« presque maternels..... les sœurs de l'hos-
• pice des Incurables étaient de la même opi-
« nion que les agents du comte Auglès. Pen-
« dant les vingt années que la Simon passa
« dans cet hospice, où elle mourut le 10 juin
« 1849, elle fut placée sous la direction de sœur
« Sainte Lucie (Lucie Jonnis)... tout ce qu'elle
« avait appris de la Simon et sur son compte,
« elle aimait à le redire à ses compagnes
• parmi lesquelles se trouvait la sœur Nicolas,
« actuellement retirée à Clichy..... j'ai pu ob-
« tenir de cette respectable religieuse des notes
« du plus grand intérêt sur la gardienne de
« Louis XVII.

« La Simon, est-il dit dans ces notes, était
« *douce et bonne par caractère*; elle préten-
« dait n'avoir rudoyé le petit prince que pen-
« dant les visites de la municipalité. Hors ce
« temps, ajoutait-elle, son mari et elle le trai-
« taient avec douceur.

M. Chantelauze combat l'opinion que Si-
mon fut chargé d'abréger les jours du royal enfant par ses mauvais traitements.

« Il a, dit-il, une mission secrète..... c'est
« d'espionner le fils de Louis XVI, c'est de lui

« arracher par la terreur et la violence tout ce
« qu'il sait contre sa mère et sa tante, de lui
« dicter tout ce qu'il ne sait pas... Simon.....
« dès qu'il eut atteint le but essentiel de sa mis-
« sion, c'est-à-dire la perte de la Reine, se re-
« lâcha non-seulement de ses rigueurs à l'é-
« gard de son jeune prisonnier, mais ne négli-
« gea rien pour le distraire, l'amuser, lui faire
« oublier les mauvais traitements qu'il avait
« subis jusque-là... »

Une conclusion s'impose devant ces témoignages irréfutables. C'est sur les Simon
que les historiens de la Restauration accu-
mulent toute l'horreur que leur inspirent les
bourreaux de Louis XVII. Et pourtant le
royal enfant, tant qu'il fut sous leur garde,
était alerte et bien portant. Places, pensions,
éloges, pleuvent sur Lasne et Gomin, qui cependant, au dire de Mme la duchesse d'Angoulême, dans ses *Souvenirs du Temple*,
laissaient son frère *croupir dans ses or-
dures et se battre avec les rats*. Pourquoi ?
C'est que la Simon soutint toujours qu'elle
avait fait évader le dauphin, et que Lasne
et Gomin affirmèrent sous la foi du serment
et tant qu'il en fut besoin, que l'enfant à cheveux rouges, mort au Temple, couvert de
scrofules et de vermine, était véritablement
Louis XVII.

5° Déposition du docteur Rémusat,
Gazette des Tribunaux, séance du 2 Novembre 1834.

« ..... Elle me dit, (la femme Simon) que
« son mari avait été concierge du Temple et
« qu'elle, elle était gardienne des enfants. —

Je lui répondis que le dauphin était mort. —
« Elle répondit *qu'elle avait contribué à le
« faire sauver du Temple dans un paquet de
« linge.* »

« — Le Président. — Vous a-t-elle dit la
date de l'évasion ?

« — M. de Rémusat, — 19 janvier 1794.

6° Rapport du conventionnel Joseph Chénier (f° 18, extrait du *Moniteur*).

7° Rapport du d^r Desault déposé à la
Convention, dit le *Moniteur*. La table indique le texte de ce rapport comme inséré au
n° 263, et chose singulière, on ne l'y trouve
pas. La suppression de ce rapport donne
une incontestable portée à la déclaration de
la nièce de Desault, M^{mc} Thouvenin, affirmant que son oncle n'avait pas reconnu
le dauphin dans l'enfant malade et en avait
averti la Convention, ainsi qu'aux soupçons
causés par la mort subite de Desault.

Louis Blanc reproduit dans son *Histoire
de la Révolution* (f° 619), la lettre de Mme
Thouvenin, citée également par Suvigny, qui
l'appuie de plusieurs autres déclarations
analogues. (Pièces 25, 26 et 27).

**8° Archives Nationales—Police générale
1er arrondissement, N° 2,681, R.**

Paris, 24 Nivose an VIII, (*24 Décembre 1804*).

Le conseiller d'Etat chargé du premier arrondissement de l'Empire.

A Monsieur le Préfet de X...
A Lui seul.

Son Excellenee est informè, Monsieur, qu'il

existe un ouvrage ayant pour titre : *Manifeste de Charles X roi de France.*

Il y a lieu de croire qu'on cherchera à répandre ce pamphlet.

Je vous invite donc â prendre de suite toutes les précautions nécessaires pour en empêcher la circulation et faire arrêter les auteurs, imprimeurs et distributeurs.

Recevez l'assurance de mes sentiments affectueux.

Signe : RÉAL.

(*Pièce inédite*).

9° Déclaration de M. Hébert, ex-directeur des postes de l'armée d'Italie (f° 22).

10° Déclaration du baron Thierry, beau frère de M. de Frotté, relative à la façon dont celui-ci a fait évader le dauphin. (Suvigny, f° 79).

Une lettre de M. de Frotté à Mme Atkins est aujourd'hui invoquée par les partisans de Naündorff comme infirmant ce témoignage. Il y raconte l'évasion et la part qu'il y a prise en déclarant que c'est un bruit qu'on fait courir, mais qu'il est faux. Pour nous, cette lettre écrite peu de mois après l'évasion, en est bien la confirmation ; croit-on qu'il eût été prudent alors d'en confier à la poste le récit autrement que pour le démentir ? C'était la seule façon dont Frotté pût sans se compromettre faire connaître à Mme Atkins le résultat de son audacieuse tentative.

LE CŒUR, LES CHEVEUX ET LE CORPS DE L'ENFANT MORT AU TEMPLE.

11° Archives de la police. Liasse de neuf pièces relatives à la conservation du cœur du dauphin, comprenant le procès-verbal de l'audition des témoins d'où il résulte que « le cœur conservé par le d^r Pelletan est « bien celui de sa Majesté Louis XVII. »

12° Archives de la police. Liasse de onze pièces concernant l'endroit où le dauphin a été inhumé.

13° Lettre du Ministre de l'Intérieur. au Garde des Sceaux.

Monseigneur,

« J'ai reçu les pièces que votre Grandeur « m'a fait l'honneur de me communiquer, rela- « tives à la conservation du cœur de Louis XVII « et à l'endroit où le jeune princ a été inhumé. « L'intention du roi étant que le cœur de ce « prince soit transporté à Saint-Denis sans « pompe et néanmoins avec les cérémonies « convenables, je viens de faire, conformément « à l'ordre que sa majesté m'en a donné, « l'envoi de toutes ces pièces à M. le Grand- « Maître des cérémonies. »

14° Lettre de M. l'abbé Raynaud, vicaire de la paroisse Sainte-Marguerite, à M. de Beauchesne, citée dans son ouvrage sur Louis XVII.

Paris, 7 novembre 1837.

« .... Le jour avait été pris pour cette
« cérémonic (l'exhumation) et indiqué à M. Du-
« bois, curé de Sainte-Marguerite. Nous
» étions tous à l'heure dite, avec aubes, sur-
« plis, étoles et la croix en tête, attendant le
« délégué du ministre de la police qui devait
« présider à cette enquête. Il n'arriva point.
« Au bout de quelques heures d'attente, nous
« reçumes une dépêche de M. Anglès (le préfet
« de police), annonçant qu'il y avait lieu de
« différer cette opération. »

Elle ne fut jamais reprise. Il est évident
qu'un pouvoir plus puissant que Louis XVIII,
un ordre du Vatican, sans doute, s'opposait
aux cérémonies funèbres et sacrilèges par
lesquelles le roi aurait voulu affirmer la
mort de son neveu.

**15° Extraits d'un mémoire du docteur
Pelletan,** en date du 30 novembre 1818,
communiqué par le d[r] Arnaud, d'Arles, le
25 septembre 1882, à M. le pasteur Dide,
directeur de la *Révolution Française*.

Le d[r] Pelletan y relate ses démarches infructueuses pour faire accepter à la famille
royale le cœur qu'il a soustrait en faisant
l'autopsie de l'enfant mort au Temple. —
« On ne craint pas de dire (pour expliquer ce
« refus) que sa Majesté se prononce ouver-
« vertement pour exiger l'oubli des malheurs
« dont nous avons été moins causes que vic-
« times..... N'est-ce pas le comble de la mal-
« veillance et de la mauvaise foi que d'étendre
« cette volonté bienfaisante de sa Majesté à
« *l'oubli des devoirs les plus sacrés* envers
« son illustre et infortuné prédécesseur ?

« Tandis que les méchants calomnient ainsi
« les sentiments de sa Majesté, ils ne laissent
« pas de faire remarquer dans le public que
« l'on néglige un précieux dépôt *qui constate-*
« *rait seul la mort de Louis XVII*, et nous
« mettrait à l'abri des prétentions criminelles
« et absurdes du premier intrigant qui voudrait
« se faire reconnaître pour la jeune victime du
« Temple — Eh ! ne m'accuserait-on pas moi-
« même d'être un de ces intrigants, en. ne
« reconnaissant pas le dépôt que je présente ?

Hervagault et Mathurin Bruneau avaient
déjà joué le rôle de dauphin quand le
d^r Pelletan présentait ce mémoire. On n'en
tint nul compte et en 1876, son fils, le d^r Ga-
briel Pelletan , possédait encore ce cœur,
ajoute le d^r Arnaud.

**16° Extrait du procès verbal de l'in-
terrogatoire de Damont** au sujet des cheveux du dauphin, publié par M. Chantelauze
et antérieurement daus la *Survivance du
roi Martyr.*

« Ce jour d'hui, seize août mil-huit-cent-dix-
« sept est comparu au Ministère de la police
« générale le sieur Antoine Damont, âgé de
« 72 ans et demi..... lequel a déclaré.....
« qu'il a assisté à l'ouverture du corps exé-
« cutée par MM. Pelletan et Dumangin, et par
« deux autres officiers de santé... Que voyant
« M. Pelletan disposé à couper les cheveux du
« prince pour ouvrir et examiner son cerveau,
« il le pria de lui donner quelques-uns de
« ces cheveux ; ce qu'il fit en prenant des pré-
« cautions pour que son action ne fût pas re-
« marquée de M. Dumangin... qu'il reçut de
« M. Pelletan *une touffe de cheveux* qu'il a

» enveloppée dans un journal de ce temps-
« là..... Et le sieur Damont nous a présenté
» une boîte en maroquin rouge, fermant à clef,
» dans laquelle se trouvait inclus un coffret de
» velours blanc..... au-dessus de l'écusson de
« France est appliqué un maroquin sur le-
« quel a été gravé : *Cheveux de sa majesté*
» *Louis XVII, conservés par le sieur Damont,*
» *renfermés dans ce coffre par les soins du*
« *sieur L. J. Gohin, chef de la 5e Légion,*
« *1815.* Dans l'intérieur dudit coffret est ren-
« fermée une assez forte pincée de cheveux
« blonds *dorés.*

Ces cheveux étaient encore enveloppés dans la même feuille de journal où Damont déclarait les avoir recueillis. Il fait appel aux souvenirs du dr Pelletan, qu'on ne paraît pas avoir interrogé à ce sujet et qui n'en parle pas dans son Mémoire.

A la première restauration, Damont avait été conduit par un M. Murinais chez le duc d'Avaray qui devait le présenter à Mme la duchesse d'Angoulême. Le retour de Napoléon avait fait échouer ce projet.

Le 15 ou 16 juillet 1817, un sieur Roussiale, avoué, l'avait conduit chez M. le duc de Grammont, capitaine des gardes « qui « à l'examen des cheveux prétendit que ce « n'étaient pas les cheveux du dauphin, « qu'ils étaient *d'un blond plus clair.* »

Ce procès-verbal est signé par Damont.

Si les cheveux qu'il présentait comme ceux du dauphin avaient été réellement coupés sur le crâne de l'enfant dont le dr Pelletan faisait l'autopsie, ils étaient non-seulement dorés, mais *rouges*. La nourrice, mandée au Temple dans le courant de l'année 1794, avait refusé de reconnaître son nourrisson qui avait les cheveux blonds et les yeux bleus, dans l'enfant aux yeux noirs et aux cheveux rouges qu'on lui présentait. (Suvigny, pièce 5.)

LES TROIS ACTES DE DÉCÈS DU DAUPHIN.

1° Acte de décès du Temple.
8 Juin 1795

Extrait du registre des actes de décès du 24 prairial de l'an III (12 juin 1795).

Acte de décès de Louis-Charles Capet, du 20 de ce mois (8 juin), trois heures après midi, âgé de dix ans deux mois, natif de Versailles, département de Seine-et-Oise, domicilié aux Tours du Temple, section du Temple, fils de Louis Capet, dernier roi des Français et de Marie-Antoinette-Joséphine-Jeanne d'Autriche.

Témoins : Etienne Lasne, gardien du Temple — Rémy Bigot, employé, le déclarant a dit être *ami*. — Robin, officier public.

Voilà la pièce sur laquelle s'appuient pour nier l'évasion tous les auteurs qui ont entrepris de fausser l'histoire.

« Cet acte de décès, dit Louis Blanc, qui
« devait attester la mort d'un enfant pour
« les prétendus droits duquel des flots de

« sang avaient coulé et coulaient encore, au
« lieu d'être dressé de manière à écarter
« tous les doutes, fut fait en dehors des
« proscriptions légales, en l'absence du
« *commissaire de section*, préposé par la
« loi spéciale du temps à la garde du prince
« et fut signé par deux témoins obscurs,
« lorsque deux jours déjà s'étaient écoulés
« depuis l'enterrement du corps.

L'enfant était mort le 8 ; le 9, Sévestre
paraît à la tribune de la Convention, annonçant cette mort et présentant, dit-il, les
pièces qui la constatent, procès-verbal et
acte de décès ; or *aucune de ces pièces
n'existait encore*, puisque contrairement à
la loi qui prescrit de faire dans les vingt-
quatre heures la déclaration du décès, on
attendit *quatre jours* pour celle-ci, qui fut
précédée du procès-verbal d'inhumation,
chose qui assurément ne s'était jamais vue
auparavant, dressé sur un arrêté du comité
de sûreté générale, pris le *lendemain* du
jour où Sévestre s'en disait nanti.

Procès-verbal d'inhumation.

L'an IIIe de la République, 22 prairial,
7 heures du soir, nous, Dominique Goddet
et Nicolas Laurent Arnoult, commissaires
civils de la section du Temple, en exécution
de l'arrêté du comité de sûreté générale de
la Convention nationale, *en date de ce
jour*..... Nous avons requis le citoyen Dusser, commissaire de police de notre section,
à l'effet de se transporter avec nous à la

Tour du Temple pour y constater le décès du fils Capet, où étaient les citoyens Lasne et Gomin, commissaires de garde au Temple, et le citoyen Etienne-Joseph Guérin, commissaire civil de la section de l'Homme-Armé, de service aujourd'hui à la Tour. Ils nous ont représenté un cadavre, du sexe masculin gisant sur un lit, lequel a été reconnu pour être celui de Louis-Charles Capet et nous avons reçu la déclaration desdits Lasne et Gomin....

Nous avons de suite fait déposer dans une bière le corps dudit enfant Capet et accompagnés des citoyens Jacques Garnier, chef de brigade de la section de Montreuil....... Pierre Vallon, capitaine de la même section..... nous avons conduit ce corps au cimetière Sainte-Marguerite, rue Bernard, faubourg Antoine..... il a été déposé dans une fosse qui a été recouverte en notre présence.

Signé : Lasne — Vallon — Garnier — Goddet — Arnoult — Dusser — Gomin — Guérin.

Voilà assurément un grand luxe de témoins ; mais dont aucun ne pouvait sciemment déclarer que le cadavre qu'on leur présentait était bien celui du fils de Capet.

Ils ont dû s'en rapporter à la déclaration de Lasne et de Gomin qui eux-mêmes ne connaissaient que l'enfant substitué, et qui n'eussent osé en aucun cas déclarer autre chose que l'identité du cadavre avec le fils de Louis XVI : leur vie en dépendait.

Deux témoins pouvaient certifier avec vérité et ces témoins ont été systématiquement écartés.

Madame Royale, qui à partir du 19 janvier 1794, *n'a jamais revu son frère au Temple,* ni mort, ni vivant.

Caron, ancien gobelettier de Louis XVI, entré dans les cuisines du Temple, voyant chaque jour le dauphin jusqu'au 19 janvier où il a été soustrait à tous les regards ; on a préféré à son témoignage celui sans valeur d'un inconnu, ce Rémy Bigot qui se dit *ami de l'enfant mort* (1).

Le procès-verbal d'autopsie, malgré toute la réserve à laquelle les médecins étaient astreints, car il y allait assurément de leur

---

(1) Caron avait su l'évasion du dauphin, y avait prêté son concours et en avait averti Madame Royale. A la Restauration, il lui fut alloué une pension. Au commencement de 1820, il fut mandé plusieurs fois aux Tuileries, interrogé par M. de Polignac et présenté à Louis XVIII auquel il raconta franchement tout ce qu'il savait. Le 4 mars, Caron disparut sans que sa famille ait découvert le moindre indice de ce qu'il était devenu. La pension fut supprimée à sa femme et son fils fut averti *d'avoir à cesser ses recherches.*
Ceci se passait moins d'un mois après la mort du duc de Berry, assassiné, dit Victor de Stenay, au moment où il avait ourdi un complot militaire pour proclamer Louis XVII, toutes ses tentatives amiables ayant échoué devant l'obstination du roi à conserver le trône qu'il avait usurpé.

tête, fut rédigé de façon à ne rien préjuger contre la vérité.

Les deux médecins nommés en remplacement de Desault, MM. Pelletan et Dumangin. ne connaissaient pas le dauphin. Un arrêté du comité de salut public, daté du lendemain de la mort. leur adjoignit pour l'autopsie MM. Janroy et Lassus, anciens médecins du château, dont le témoignage devait avoir la valeur d'une certitude.

Voici quels furent les termes de ce procès-verbal : (Eckart, p. 359).

« ..... Nous avons trouvé dans un lit le
« corps mort d'un enfant qui nous a paru
« âgé d'environ dix ans, *que les commis-*
« *saires nous ont dit* être celui du fils de
« défunt Louis Capet, et que deux d'entre
« *nous ont reconnu pour être celui de l'en-*
« *fant auquel ils donnaient des soins depuis*
« *quelques jours.* »

Ainsi, dans le procès-verbal comme dans les deux autres pièces que nous venons de citer, l'identité n'est attestée que par ceux qui ne connaissaient pas le défunt. MM. Lassus et Janroy n'attestent rien, sinon que la mort de l'enfant doit être attribuée *à un vice scrofuleux existant depuis longtemps.*

Or ils savaient pertinemment, que le fils de Louis XVI et de Marie-Antoinette était parfaitement sain, et n'avait jamais présenté aucune trace de scrofule congénial.

Leur déclaration que le prisonnier a succombé à cette maladie chronique équivaut donc à une dénégation d'identité.

———

2º Acte de décès de Delft

10 août 1845.

Extrait du registre de l'état-civil de la commune de Delft, province de Hollande méridionale.

Dans l'an 1845, le douze du mois d'août, à six heures de l'après-midi, ont comparu devant nous, Daniel Van Koestveld, officier de l'état-civil de la commune de Delft, *Charles-Edouard de Bourbon*, âgé de 24 ans, sans profession, et *Modeste Gruau, comte de la Barre*, âgé de 50 ans, ancien procureur du roi près le Tribunal de première instance de Mayenne, en France, tous les deux ici domiciliés, le premier étant fils, le second ami du décédé ci-dessous désigné, lesquels nous ont déclaré que le dix août de cette année, vers trois heures de l'après-midi, dans la maison nº 62, quartier 2 du vieux Delft, est décédé *Charles-Louis de Bourbon*, duc de Normandie, Louis XVII (ayant été connu sous les noms de Charles-Guillaume Naündorff), né au château de Versailles, en France, le 27 mars 1785, et par conséquent âgé de soixante ans passés, demeurant dans cette ville, fils de feu sa Majesté Louis XVI, roi de France, et de son Altesse Impériale et royale, Marie-Antoinette, archiduchesse d'Autriche, reine de France, tous les deux morts à Paris, époux de Mme la duchesse de Normandie, née Johanna Einert, demeurant ici.

Signé : Charles-Edouard DE BOURBON,
M. GRUAU, comte de la BARRE,
Daniel van KOESTVELD.

Suivent les légalisations.

Cet acte est dressé deux jours seulement après le décès. Ce délai aurait été employé, dit la *Légitimité*, à solliciter du gouvernement hollandais l'autorisation de donner à Naündorff le nom, ou à peu près, du dauphin de France.

La *Légitimité* ne donnant aucune pièce à l'appui de la réalité de cette assertion, nous pouvons donc lui opposer aujourd'hui, comme en 1874, ce que M. l'avocat-général Benoist disait à ce propos dans l'audience du 20 février :

« Quant à l'assentiment que M. le Ministre
« de la Justice aurait donné à la rédaction de
« l'acte de décès donnant à Naündorff la qua-
« lité de fils du feu roi Louis XVI, c'est là une
« pure allégation, dénuée de toute espèce de
« preuve ; nous avons par conséquent de bonnes
« raisons pour la révoquer en doute. »

Cet acte de décès paraît à première vue parfaitement régulier ; il s'agit là d'étrangers dont on accepte les déclarations telles quelles, sans avoir mission de les contrôler. Nul doute que dans n'importe quelle commune de France on n'acceptât de même la déclaration de décès d'un prince de Brunswick, d'Orange, de Bragance ou de Hohenzollern.

Mais si l'on examine de près les termes de cette déclaration et les témoins qui l'attestent, les choses changent de face.

Charles-Louis de Bourbon, le décédé, est, de par les seuls papiers qu'il possède, son passe-port, son acte de mariage et ses lettres de bourgeoisie, *Charles-Guillaume Naündorff.*

Son fils, qui signe Charles-Edouard de Bourbon, porte sur son acte de naissance les noms de *Charles-Edouard Naündorff*; sa signature constitue un faux et n'est pas valable (1).

Quant au comte de la Barre, ce titre absolument nul lui vient de la générosité de Naündorff; mais comme il le fait précéder de son véritable nom, *Modeste Gruau*, peu importe. Il est donc le seul témoin, et témoin convaincu, nous le reconnaissons, de celui qu'on prétend être le dauphin Louis XVII.

Cet acte a si peu de valeur en lui-même, que jamais le gouvernement n'a daigné s'en occuper ni en exiger la rectification, pas plus que la suppression de l'inscription placée sur la tombe de Naündorff, au cimetière de Delft.

Nous allons voir qu'il n'est pas resté indifférent devant des prétentions plus sérieuses et mieux appuyées.

(I) Charles Edouard Naündorff, né à Spandau, n'en est pas moins déclaré sous le nom de *Charles Edouard de Bourbon* au registre des décès de Bréda, en 1866.

3° Acte de décès de Gleizé.

10 Août 1853.

Extrait du registre de l'état-civil de la commune de Gleizé, arrondissement de Villefranche, (Rhône).

L'an mil huit cent-cinquante-trois et le onze août, à dix heures du matin, par devant nous, René de Vauxonne, maire et officier de l'état-civil de la commune de Gleizé, canton de Villefranche, département du Rhône, ont comparu :

1° M. André-Marie Ennemond de Nolhac, âgé de quarante-sept ans, propriétaire, demeurant à Lyon, rue Vaubécourt, n° 12, présentement à Gleizé ;

2° M. Dominique Lachat, âgé de quarante-six ans, curé de la commune de Gleizé, y demeurant. Lesquels nous ont déclaré que mercredi, dix août, à deux heures du matin, est décédé à Gleizé, hameau des Rousses et au château de Vauxrenard, Monsieur *Louis-Charles de France*, natif de *Versailles*, rentier, demeurant à Paris, rue de Condé, n° 12, âgé de *soixante-huit ans*, célibataire, porteur *d'un passeport* visé pour Aix, (Savoie) et délivré à Paris, le 27 juillet 1853 ; et ont signé avec nous messieurs de Nolhac et Lachat, témoins déjà nommés ; dont acte passé après lecture faite.

Signé : Lachat, curé,

Ennemond de Nolhac.

Le maire de Gleizé,

R. de Vauxonne,

Voici quel est, selon nous, le véritable acte de décès du dauphin. Nous allons en démontrer l'authenticité, comme nous avons démontré l'irrégularité et la fausseté des deux premiers qu'on lui oppose.

M. de Vauxonne enregistrait un mois plus tard la déclaration suivante :

L'an mil huit-cent-cinquante-trois et le neuf septembre, par devant nous, René de Vauxonne, maire et officier de l'état-civil de Gleizé, se sont présentés :

1o M. Jacques-Philibert Pictet, propriétaire, demeurant à Lyon, rue de Saron, no 11 ; 2o M. Denis Foyatier, propriétaire, sculpteur, membre de la Légion-d'Honneur, demeurant à Paris, rue de Madame, 54 ; 3o M. Durand-Tranchard, propriétaire, demeurant à Lyon, rue Sainte-Hélène, no 33 ; lesquels, dans le but de suppléer ce qu'il y a eu d'incomplet dans l'acte dressé le 11 août dernier, à la suite du décès de M. Louis-Charles de France, décédé à Gleizé, au château de Vauxrenard, et comme amis du défunt, nous ont prié de recevoir la déclaration suivante, savoir : qu'il est à leur connaissance que M. Louis-Charles de France, décédé au château de Vauxrenard, le dix août dernier, était habituellement porteur d'un acte de naissance délivré à Versailles, sous le nom de Louis-Charles de France, né à Versailles, le vingt-sept mars dix-sept-cent-quatre-vingt-cinq, fils de Louis XVI et de Marie-Antoinette, reine de France. Cette pièce ne s'étant pas trouvée lors de la rédaction de l'acte de décès et l'apposition des scellés empêchant de la rechercher, les déclarants, comme amis particuliers du défunt, ont demandé à consigner la présente déclaration pour compléter cet acte et servir à telle fin qu'il appartiendra.

Fait à Gleizé, les jour, mois et an susdits.

Signé : Tranchard — J. P. Pictet — Foyatier.

Le Code civil n'exigeant rien autre pour

la validité d'un acte de décès que la déclaration de deux témoins reçue par un officier de l'état-civil, la production du passeport et la déclaration complémentaire ci-dessus sont donc des superfétations, l'acte de décès étant parfaitement valable et régulier sans cela ; mais elles avaient pour but de constater l'identité du défunt avec la personne résidant à Paris, 12, rue de Condé, et d'affirmer en outre l'identité de ce Charles de France, né à Versailles, le 27 mars 1785, avec le fils de Louis XVI et de Marie-Antoinette.

Et nous allons voir tout-à-l'heure un tribunal français se baser uniquement sur l'absence de ce passeport et de cet acte de naissance pour déclarer *qu'il a été impossible de constater l'identité du défunt !*

Voici l'extrait du rapport du Procureur Impérial du tribunal de Villefranche :

.... Attendu que les deux actes ci-dessus signalés, (l'acte de décès et la déclaration complémentaire), tendent à faire revivre un mensonge historique dont les tribunaux et la raison publique ont fait justice depuis long-temps ; qu'ils contiennent des énonciations qui pourraient devenir le prétexte d'impostures nouvelles dont il *importe* de prévenir le scandale ;

Attendu que notamment le second de ces actes, outre qu'il contient des allégations mensongères, est encore entaché d'illégalité, comme contenant des déclarations tardives, et qu'il est nul par ce seul fait ;

Attendu que ni le passeport mentionné dans l'acte du 10 août, ni l'acte de naissance mentionné dans celui du 9 septembre n'ont été trouvés dans les papiers du défunt ; qu'il a donc été impossible de constater l'identité de cet individu ;

Attendu qu'il est d'un intérêt d'ordre public que les deux actes dont il s'agit soient rectifiés, de telle manière qu'il n'en reste que la constatation du fait matériel du décès d'un individu se disant *baron de Richemont*, le surplus des énonciations portées auxdits actes devant être considéré comme non avenu.

..... Requiert qu'il plaise au Tribunal, etc.

Au parquet, le 9 septembre 1859.

Le Procureur Impérial E. Gamichon.

Vu : Ordonnons qu'il sera fait rapport par nous à l'audience du 12 de ce mois.

Pour M. le Président en congé,

Le juge, 1er en ordre, Guillot.

Trois jours après, l'arrêt était rendu comme suit :

JUGEMENT.

Ouï M. Guillot, juge commissaire en son rapport ;

Ouï en ses réquisitions, M. Naudin, substitut de M. le Procureur Impérial, occupant le siège du ministère public ;

Vu les actes des 11 août et 9 septembre 1853 ;

Vu les articles 99 et 101 du Code Napoléon ;

Vu l'avis du Conseil d'État du 13 Nivôse an X et celui du 12 brumaire an XI ;

Attendu que l'individu dont le décès est constaté par l'acte du onze août mil huit cent-cinquante-trois *était inconnu* ;

Attendu dès lors que les énonciations contenues, soit dans cet acte, soit dans celui complémentaire du 9 neuf septembre suivant, sont mensongères et pourraient donner lieu à de nouvelles impostures dont il importe de prévenir le scandale ;

Qu'ainsi ledit acte de décès doit être rectifié pour ne plus constater que le fait matériel du décès d'un individu inconnu, se disant baron de Richemont ;

Attendu, en ce qui concerne le deuxième acte, c'est-à-dire celui complémentaire du neuf septembre de la même année, que cet acte est entaché d'illégalité comme contenant des déclarations tardives et qu'il est nul par ce seul fait ; tout acte de l'état-civil ne pouvant être rectifié ou modifié que par un jugement ;

Par ces motifs, le Tribunal dit et prononce :

1° Que l'acte de décès du onze août mil huit cent cinquante-trois est rectifié en ce sens que c'est à tort qu'il constate le décès de Louis-Charles de France, natif de Versailles, tandis qu'il devait se borner à constater le décès d'un inconnu se disant baron de Richemont ;

Et 2°, que l'acte du neuf septembre de la même année est purement et simplement annulé.

En conséquence, ordonne que le présent jugement sera transcrit en entier sur les registres de l'état-civil de la commune de Gleizé et que mention en sera faite en marge des actes réformé et annulé.

Ainsi fait et prononcé judiciairement en l'audience publique du tribunal de première instance, séant à Villefranche, département du Rhône, tenue par MM. Guillot, juge, chevalier de la Légion-d'Honneur, faisant fonction de président, le titulaire étant en congé ; Roger-

Belliard et Godinot, juges ; en présence de
M. Naudin, substitut du Procureur Impérial,
le commis greffier soussigné tenant la plume,
le lundi, douze septembre mil huit cent cin-
quante-neuf.

Signé : Guillot — Baudon.

Visé pour timbre et enregistré gratis à Villefranche, le 22 septembre 1859, fº 145, case 2.

Signé : Illisible.

Ainsi, six ans après le décès, la justice
poursuit d'office et accomplit d'autorité la
rectification de l'acte qui le constate, sans
enquête préalable, sans l'audition d'aucun
témoin, sans même appeler les signataires
de cette pièce qualifiée de mensongère.
L'article 99 du Code civil dit cependant que
lorsque la rectification d'un acte de l'état-
civil sera demandée, « les parties intéressées seront appelées, s'il y a lieu. » Mais
il s'agissait de détruire l'acte de décès du
dauphin, et on ne voulait pas s'exposer à
voir les témoins affirmer de nouveau leur
croyance en l'appuyant cette fois de preuves.
C'est pourquoi l'arrêt se contente de dire
que l'acte reproduit un mensonge historique
dont les tribunaux et la raison publique ont
fait justice depuis longtemps.

Les tribunaux ont fait justice des prétentions d'Hervagault, de Mathurin Bruneau et
de Naündorff, mais ils n'ont jamais statué
sur celles de Richemont qui ne leur ont pas
été soumises.

On peut voir, fº 13 et fº 32, que lorsque
cette question a été incidemment soulevée

au procès de 1834, l'opinion des magistrats et des agents de la police était loin de lui être défavorable.

La seule manière d'invalider cet acte de décès parfaitement régulier eût été de s'appuyer sur celui du Temple ; mais on en savait si bien de peu de valeur, qu'il n'y est même fait aucune allusion dans ce singulier jugement, des termes même duquel il semble ressortir que si le passeport et l'acte de naissance mentionnés se fussent retrouvés, on aurait reconnu pour le dauphin celui qui en était porteur.

L'annulation de l'acte complémentaire est tout aussi arbitraire, tout aussi peu motivée que la rectification de l'acte de décès. Il est bien dit, par l'arrêt du 13 nivôse, an X que toute déclaration *modifiant* ou *rectifiant* un acte de l'état-civil ne peut être acceptée sans l'intervention du tribunal ; mais celle-ci ne rectifiait ni ne modifiait rien, elle appuyait et confirmait au contraire l'acte auquel elle venait s'adjoindre.

La façon arbitraire, clandestine en quelque sorte, dont a été rendu ce jugement où le tribunal est à la fois juge et partie, prouve que le gouvernement connaissant trop bien cet inconnu, avait à cœur d'effacer son nom de la mémoire des hommes.

LE SQUELETTE DE L'ENFANT
MORT AU TEMPLE.

Les déclarations de Dusser, le commissaire de police ordonnateur du convoi, et de Lasne qui l'accompagna avec une vingtaine de personnes, mettent hors de doute que l'enfant décédé au Temple fut inhumé dans la fosse commune du cimetière Ste-Marguerite.

En 1814, Dusser prétendit avoir fait enterrer cet enfant, en présence de tous ceux qui l'accompagnaient, dans une fosse particulière qu'un nommé Voisin, alors conducteur des convois, déclarait avoir creusée, tandis que suivant une autre version dont les témoins existaient encore, l'inhumation aurait eu lieu dans la fosse commune d'où le corps aurait été secrètement exhumé et placé ailleurs.

Une enquête fut ordonnée et nous extrayons du rapport présenté le 15 mars 1816, à S. E. le ministre d'Etat, préfet de police, les passages suivants :

.... M. *Dusser* prétend avoir répandu sur la pompe funèbre plus d'éclat qu'il ne convenait à sa propre sûreté... mais il affirme en même temps qu'il ne pourrait indiquer, même à peu près, le lieu où la fosse fut creusée. Comment accorder un tel manque de mémoire avec les sentiments dont M. Dusser dut être pénétré ?....

Voisin... nous a tracé une étendue de terrain, de dix pieds de long sur douze de large, dans l'enceinte de laquelle doit se trouver selon lui, à six pieds de profondeur, le cercueil du jeune roi, fait en bois blanc, et ayant à la tête et aux pieds un D écrit par lui avec du charbon.

.... Le concierge du cimetière, le sieur *Bureau*, qui occupe cette place depuis vingt-huit ans, a affirmé.... que le cortège arriva le soir vers les neuf heures, qu'il le fit passer par l'église, (1) qu'on alla déposer le corps dans la fosse commune, qu'il en fut lui même témoin ; qu'il n'y avait alors aucune fosse particulière et qu'il était même expressément défendu d'en ouvrir à cette époque..... il s'est élevé dans le cimetière en notre présence un débat assez animé entre Voisin et le sieur Bureau.

.... Nous l'avons terminé en éloignant Voisin... M. le curé (l'abbé *Lemercier*, successeur de l'abbé Dubois) nous a dit avoir recueilli sur cette affaire des notions dont il avait entretenu le roi, Mme la duchesse d'Angoulême et Mme la marquise de Tourzel et nous a laissé entrevoir qu'un fossoyeur, *Bétrancourt* surnommé *Valentin*, mort depuis quelques années, avait retiré le corps du jeune prince de la fosse commune et l'avait enterré dans un lieu particulier...

La veuve *Bétrancourt* déclare que son mari lui avait confié que la nuit même de l'inhumation ou la suivante, elle n'est pas sûre de laquelle, il retira le *corps* du jeune monarque et le déposa dans une fosse, creusée partie dans le mur de fondation, partie dans le cimetière, à la gauche de la porte de l'église, du côté de l'autel de la communion ; mais que son mari

-----

(1) La porte donnant de l'église dans le cimetière a été murée au commencement de ce siècle.

ne lui avait pas au juste montré l'endroit, qu'il n'y avait qu'un seul homme auquel il l'eût indiqué et que cet homme était un nommé Decouflet, bedeau de la paroisse des Quinze-Vingts.

Decouflet..... nous l'avons invité à se rendre avec nous au cimetière Sainte-Marguerite ; là, il nous a déclaré avoir été autrefois portier de l'abbaye Saint-Antoine..... lié d'amitié avec feu Bétrancourt, dit Valentin ; que se trouvant un jour avec lui dans le cimetière en mars 1802..... son ami creusa environ deux pieds en terre..... *le long du pilastre de gauche de la porte de l'église en entrant par le cimetière (1) ;* qu'il mit à découvert une pierre du mur de fondation d'à peu près un pied et demi en tous sens et lui fit remarquer à la surface une croix de deux ou trois pouces, paraissant avoir été faite avec nn marteau ; qu'il lui dit ensuite : — « Tu vois cet endroit ? On y fera « quelque jour un monument, car il y a ici « dessous le cercueil du dauphin. » — Il ajouta qu'il l'avait retiré de la fosse commune et placé dans ce lieu.

Les commissaires déduisent : qu'il paraît vraisemblable que le corps a été retiré de la fosse commune ; que cette opération a été exécutée en secret par feu Bétrancourt ou Voisin....., que si c'est Bétrancourt, le lieu consacré à recevoir les cendres de Louis XVII

---

(1). M. de Beauchesne donne un plan très-exact du cimetière Sainte-Marguerite ; il y a seulement une légère inexactitude dans la position qu'il indique pour le cercueil; il le place *devant* la porte, ce qui est impossible, puisque cette porte, murée depuis, servait alors de passage.

est au-dessous du pilastre gauche de l'église,
en entrant par le cimetière ; que si c'est Voisin, la fosse particulière peut être retrouvée
dans l'enceinte qu'il a désignée, à gauche de
la croix élevée au milieu du cimetière, en tour-
nant le dos à l'église.....

Nous penchons à croire que les restes du
jeune roi..... doivent se retrouver dans l'endroit désigné par le sieur Decouflet et la veuve
Bétrancourt. Si cependant on ne découvrait
aucune trace dans ce dernier lieu, les assertions de Voisin devraient alors être vérifiées.....

Les commissaires de police des quartiers
de l'Hôtel-de-Ville et du Temple.

Signé : SIMON — PETIT.

Ces conclusions furent admises en haut
lieu, car voici ce qu'en dit Eckart, dans ses
Mémoires historiques sur Louis XVII, dé-
diés à Mme la duchesse d'Angoulême, édition de 1817, f° 279.

Deux fossoyeurs..... avaient fait avec de
la craie blanche, sur le cercueil, un signe auquel ils devaient le reconnaître. Ils avaient en
outre eu le soin de ne placer qu'à une certaine
distance les cercueils qui arrivèrent les jours
suivants. Pendant cinq ou six nuits, on mit
des factionnaires à la porte et autour du cimetière, afin que personne ne vînt enlever le
corps de Louis XVII.

Mais lorsqu'il n'y eut plus de ces surveil-
lants, les deux fossoyeurs tirèrent le cercueil
de la fosse commune et allèrent le déposer
dans une fosse particulière qu'ils avaient
creusée, joignant le seuil de la porte d'entrée
du cimetière dans l'église. Au premier signe

pour le reconnaître, ils en ajoutèret un second; ce fut une croix formée d'un amas de petites pierres. Un de ces fossoyeurs est encore existant, et son témoignage est appuyé de celui de la veuve de son camarade, à qui son mari avait dit le secret de l'heureuse transposition.

On a vu (14°, f° 54) le contre ordre arrivé au moment où l'on allait procéder aux recherches en présence du clergé de Sainte-Marguerite et du pauvre Decouflet, qui, ajoute l'abbé Raynaud, « fut lui-même bien « désappointé, car il avait touché au mo- « ment de voir ses assertions vérifiées et « son zèle récompensé... (1).

On sait que ces fouilles ne furent jamais reprises.

Napoléon eut la curiosité de vouloir savoir à quoi s'en tenir. On lit dans ses *Mémoires*, tome Ier, page 24 :

Je fis faire des fouilles au cimetière Sainte-Marguerite, au lieu indiqué de la sépulture du cadavre, (dans la fosse commune). La bière, encore assez bien conservée, ayant été ouverte, se trouva vide.....

Cette circonstance fait tomber tout-à-fait la ridicule invention de Naündorff, qui prétend qu'on l'a retiré de la bière, pendant le trajet du Temple au cimetière et qu'on l'a remplacé par un poids égal de paperasses, trente kilos au moins, dont on au-

---

(1). Lettre de l'abbé Raynaud, vicaire de Sainte-Marguerite, à M. de Beauchesne, tome II, f° 349.

rait assurément retrouvé quelques traces, puisque la bière était assez bien conservée.

Voici du reste de quelle façon Naündorff raconte cette invraisemblable aventure (1).

Des motifs impérieux contraignirent le gouvernement à accélérer la fin de cette victime infortunée. Elle mourut, m'a-t-on dit, le 8 juin 1795, et après l'autopsie, son cadavre fut déposé dans une caisse pour être ensuite enterré (2). Cette caisse ainsi que le cadavre, furent placés dans la chambre habitée autrefois par mon père. Pendant cette opération j'avais reçu une forte dose d'opium. *On me mit dans le cercueil* d'où l'on retira l'enfant autopsié, et le tout fut effectué presqu'à la même heure où l'on venait chercher le cercueil pour le transporter au cimetière. A peine l'enfant mort fut-il caché au quatrième étage, lieu où j'étais, que mes amis, instruits de ce qui se passait, chargèrent dans une voiture le cercueil qui me renfermait, certes, ceux qui ne savaient rien, crurent qu'on allait m'enterrer. Mais, la voiture était préparée. En allant au cimetière, *on me mit dans la caisse au fond de la voiture* dans un coffre qu'on y avait pratiqué, et pour laisser au cercueil la même pesanteur, on

---

(1) *En politique point de justice,* page 166. Voir aussi la *Survivance du Roi Martyr,* page 47.

(2) Le corps de l'enfant autopsié fut mis dans le cercueil, *en présence* des deux commissaires civils et du commissaire de police, le 12 juin seulement, au moment du convoi. (Voir le *moniteur* du 26 pairial an III.)

le remplit de *vieilles paperasses* qu'on retira du coffre. Dès que le cercueil fut enfoui dans la terre, mes amis rentrèrent avec moi dans Paris.

Cette bière trouvée vide, prouve que selon les déclarations ci-dessus, *le corps* seulement en avait été retiré, car si l'on avait exhumé le cercueil, il se fût produit à la place qu'il occupait une excavation qui eût donné l'éveil. Le corps fut placé dans un de ces cercueils de plomb dont il y avait toujours une certaine quantité en dépôt dans les églises et qui affectaient grossièrement la forme d'un corps humain.

Une circonstance fortuite devait amener la découverte des restes de celui qu'on prétendait être le dauphin.

Le prêtre sacristain de Sainte-Marguerite, a rapporté cette découverte dans les termes suivants, le 27 juin 1850. (Suvigny, f° 62).

Il y a trois ans environ. (1847) l'on creusait les fondations pour un petit bâtiment annexé à l'église ; on découvrit à trois pieds du sol un *cercueil en plomb* placé dans le lieu même où l'on disait qu'était le corps de l'enfant mort au Temple. Le cercueil pouvait avoir cinq pieds de long à peu près. M. le curé, prévenu, jugeant le cas extrèmement grave, n'osa pas prendre sur lui de faire enlever le cercueil et ordonna de faire ouvrir tout à côté une tranchée juste de sa longueur et de l'y faire glisser, sans le retirer de la fosse. Ainsi fut-il fait. Mais la nuit suivante, M. le curé, de l'avis de M. de Rambuteau, préfet de la Seine, fit enlever le cercueil et le fit ouvrir.

M. Suvigny ajoute :

Ce squelette fut scrupuleusement examiné par quatre anatomistes distingués, les uns anciens internes, les autres médecins des hôpitaux ; outre les traces de l'autopsie et celles de scrofules congéniales, dont jamais le fils de Louis XVI n'avait été atteint, cet examen a révélé un âge de treize à quinze ans.

Le dauphin n'en aurait eu que dix.

Le procès-verbal d'autopsie du 9 juin 1795, dont l'original est aux Archives, constate :

Au côté interne du *genou droit*..... une tumeur sans changement de couleur à la peau et une autre tumeur moins volumineuse sur l'os radins, près le *poignet gauche*. ...

M. Pelletan donne les détails suivants dans sa déclaration du 17 août 1817 :

..... J'ai scié le crâne *en travers, au niveau des orbites* ; j'ai remis la calotte du crâne en place et l'ai couverte de quatre lambeaux de peau que j'en avais séparés et que j'ai cousus ensemble.. ...

Les indications les plus précises existaient donc pour constater l'identité du corps retrouvé avec celui autopsié au Temple. Nous signalerons encore une particularité plus frappante et plus concluante s'il se peut : Au crâne adhérait encore un toupet de cheveux *rouges*. (Voir f⁰ˢ 8 et 58). Ce squelette était donc bien celui de l'enfant substitué au dauphin.

Les quatre docteurs chargés de l'examen éteient MM. Milcent, Teissier, (Jean Pascal), Davasse et Gabalda. M. Suvigny, qui ne donne que leurs initiales, ajoute :

Ces messieurs, hommes consciencieux, honorables et bien connus, nous ont eux-mêmes raconté les circonstances de la découverte, le mode, les détails et le résultat de leurs observations ; l'un d'eux, (le docteur Milcent), en a même conservé le procès-verbal et tous ont promis leur affirmation judiciaire au besoin.

M. Noyer, le médecin de Louis XVII, que nous avons déjà cité plusieurs fois, et à qui nous devons les noms des quatre docteurs, nous écrivait récemment :

Le docteur Milcent fut chargé par le curé de Ste Marguerite, dont il était le médecin, d'examiner et de faire examiner les ossements qui lui furent confiés ; il les avait encore en 1852 et probablement il les aura conservés jusqu'à sa mort.

Le jour où le docteur Teissier donna sa signature, il nous dit que ces ossements avaient été examinés par le docteur Récamier et M. le professeur Andral ; ce dernier dit à M. Foyatier et à votre serviteur, qu'en effet lui aussi avait examiné et vu les pièces (anatomiques) chez son ami Récamier.

Ainsi il semble que le préfet de la Seine, trop certain du résultat de cet examen, ait voulu lui enlever tout caractère officiel : c'est le curé qui est chargé d'y faire procéder ; les ossements sont abandonnés au médecin, on ne réclame pas de procès-verbal. Le silence est tout ce qu'on désire....

Croit-on que Louis-Philippe, ou qu'à son défaut le comte de Chambord, n'auraient pas réclamé ces ossements pour leur donner tout au moins une sépulture honorable, s'ils n'avaient pas dû se heurter au même obstacle que Louis XVIII, l'impossibilité d'obtenir de l'Eglise des prières funèbres pour un soi-disant mort qu'on savait vivant ? Difficulté qu'on n'aurait pas eu à redouter si Naün-dorff eût été le dauphin, car en 1847, il était mort depuis deux ans.

Aujourd'hui il n'existe plus un seul des médecins que nous venons de citer. Mais sachant que M. Milcent était demeuré en possession du procès-verbal, signé de ses trois collègues et de lui-même, nous pensâmes qu'un tel document avait dû être conservé par sa famille et nous écrivîmes à l'un de ses fils établi à Paris pour lui en demander communication.

M. Louis Milcent nous répondit qu'un de ses frères avait en sa possession tous leurs papiers de famille et qu'il allait lui écrire pour lui demander ce procès-verbal.

Les semaines s'écoulant sans que rien nous parvînt, nous priâmes un de nos amis de voir M. Louis Milcent, que nous pensions avoir oublié sa promesse ; voici un extrait de la réponse :

M. Milcent s'est très-bien souvenu de votre dernière lettre ; il m'a assuré qu'il avait écrit à son frère, mais que celui-ci avait fait connaître que ses recherches avaient été infructueuses.

« Je ne m'explique pas, m'a-t-il dit, que cette
« pièce ait été égarée ; je vais lui écrire de
« nouveau et d'un autre côté, étant en relation
« avec un des descendants d'un des signataires
« du procès-verbal en question, je vais lui de-
« mander des renseignements à cet égard. Je

« me rappelle avoir vu ce procès-verbal et mon
« père; nous en a souvent parlé. J'ignore ce
« qu'on a fait des ossements.

Nous donnerons en entier le texte de ce
procès verbal si nous le recevons avant que
l'impression de notre ouvrage ne soit ter-
minée ; dans le cas contraire, les déclarations si précises que nous venons de citer
suffisent pour en démontrer l'existence et
la signification.

Ayant appris qu'un vicaire de Sainte-Marguerite, M. l'abbé Gaulle, s'occupait d'un travail historique sur le quartier où est située
cette église, je lui écrivis pour lui demander
si ses recherches lui avaient donné quelques
lumières nouvelles sur la découverte du
cercueil qu'on croyait être celui de Louis
XVII.

Voici ce qu'il me répondit, le 15 mars
1884 :

..... Je connaissais l'exhumation faite dans
les dernières années du règne de Louis-Philippe. J'en tenais le récit d'un ami de M. Hau-
met, (le curé de Sainte-Marguerite), qui avait été
appelé par lui à être le *témoin* de cet acte important. Pour lui, comme pour les médecins
présents, il n'y eut aucun doute qu'on ne fût
en présence des précieux restes du dauphin.

Ainsi pour aucun des témoins il n'y eut
indécision ; la reconnaissance fut unanime et
formelle. Et ces *précieux restes* allèrent
traîner sur les tablettes d'un cabinet d'anatomie, sans qu'on puisse même savoir aujourd'hui lequel des nombreux médecins
qui se les sont passés de main en main en
est demeuré possesseur.

EXTRAIT DES *Preuves de l'existence du fils de Louis Louis XVI*, PAR J. SUVIGNY.

L'extrême difficulté qu'on éprouve à se procurer l'ouvrage de M. Suvigny, la police en ayant fait supprimer l'édition en 1851, nous engage à en donner ici quelques extraits.

Pièce 55. — *Déclaration du chevalier d'Olry*, conseiller intime du roi de Bavière, son ancien ministre auprès de différentes cours de l'Europe.

Le soussigné déclare avoir eu pendant son séjour en Suisse, depuis 1807 à 1827 avec M. de Montciel, l'un des derniers Ministres du règne de Louis XVI, des relations particulières aussi fréquentes qu'intimes..... « Il lui « disait qu'il était du moins heureux d'être « certain de l'existence du dauphin, fils du « roi martyr ; que le jeune prince avait été « sauvé du Temple et transporté de là dans « la Vendée et remis entre les mains de M. de « Frotté, dont il considérait le noble dévoue- « ment à cette cause comme le motif de l'atroce «. exécution qu'il a subie. »

M. de Montciel passait une partie de l'été à Semsale, chez son ancien secrétaire, M. Brémont, aucun d'eux « ne voulant rentrer « en France au service de Louis XVIII, « qu'ils regardaient franchement comme un « intrus dont ils avaient d'ailleurs parfaite- » ment connu, dès 1789, la conduite et les « relations particulières. »

Aux circonstances de l'évasion du Temple M. Brémont ajoutait que quelques années

plus tard, lorsque Jean VI,— don Juan — roi
de Portugal, eut transféré au Brésil la couronne de la maison de Bragance, « il avait été
« *positivement informé* que le jeune dau-
« phin... avait abordé à Rio-Janeiro; qu'il y
« avait été reconnu et reçu à la cour du roi
« Jean avec toute l'effusion de cœur et toute
« la noble sympathie d'une royale parenté et
« que S. M. Très-Fidèle l'avait muni de té-
« moignages propres à constater, à tout évène-
« ment, son identité, partout où il pourrait en
« être besoin. »

M. Brémont avait alors reçu un caractère officiel par le brevet de consul de Portugal auprès de la Confédération Helvétique...
qui donne un grand relief aux assertions men-
tionnées ci-dessus.

..... « Il prétendait savoir que le dauphin
« en passant en Espagne s'était présenté à
« Mme la duchesse d'Orléans, née duchesse
« de Penthièvre, dont il avait été également
« reçu avec un tendre et compatissant em-
« pressement et qu'elle aussi lui avait remis
« des témoignagnes écrits et signés par elle,
« pour lui servir à ce que de droit. »

..... J'ai trouvé le comte du Moustier à
Saint-Pétersbourg. (l'un des trois gardes du
corps ayant, sous le nom de Melchior, accompagné Louis XVI dans son voyage de Va-
rennes\. Pendant un séjour de six ans, de
1800 à 1806, je me suis lié intimement avec
ce noble chevalier..... Il me répétait souvent:
« Je suis un vieux soldat couvert de bles-
« sures; si Dieu exauce mes prières, je mourrai
« sur un champ de bataille, je vais donc dé-
« poser dans votre sein un fait bien impor-
« tant pour la France... c'est qu'il est de
« toute fausseté que le fils de Louis XVI soit
« mort au Temple ; il a été sauvé, conduit en

« Vendée et remis entre les mains de M. de
« Frotté. »

Plus tard, en 1815, j'ai revu cet intrépide
vieillard en Suisse, à son passage pour se
rendre à Paris ; il me répétait l'assertion ci-
dessus.

Lors de mon séjour à Turin, de 1827 à
1842, Mgr Tharin, précepteur de Mgr le duc
de Bordeaux et plus tard évêque de Strasbourg,
ainsi que Mgr Janson, évêque de Nancy, m'ont
donné mot pour mot la même assurance.

En foi de quoi j'ai signé les présentes et y
ai apposé le sceau de mes armes.
A Kientzheim (Haut-Rhin), le 17 février 1850.

Signé : Le Chevalier d'OLRY (*Légalisé*).

Nous n'ignorons pas qu'en 1836 M. Brémont, mis en rapport avec Naündorff, crut le
reconnaître pour le dauphin : « en particu-
« lier dit-il (1), en ce qu'il connaissait la
« cachette faite par son père dans le palais
« des Tuileries, cachette que *lui seul pou-
« vait connaître* comme étant présent lors-
« que son père l'a fermée. » On a tant
parlé de cette cassette que la preuve n'était
peut-être pas bien décisive. M. Brémont re-
cueillit la famille Naündorff expulsée de
Dresde, la plaça au château de Grandclos,
dépensa pour elle des sommes considérables. Mais entièrement désabusé vers la
fin de 1838, non-seulement il cessa ses lar-
gesses, comme le dit *la Légitimité* (2), mais

____

(1) Survivance du Roi Martyr, page 289.
(2) 1re année, fo 493.

il lui retira tout concours, ce qui l'obligea à quitter la Suisse et à rejoindre à Londres Naündorff qui venait de publier sa *Doctrine Céleste.*

Une lettre d'un M. Antoine Brémont dit que son père désapprouva seulement les erreurs théologiques de Naündorff sans cesser de voir en lui le dauphin de France. Tous ceux qui l'ont connu témoignent du contraire. Il y a peut-être là quelque confusion, comme pour M. Pictet fils. Nous avons fini par retrouver l'explication qu'on nous priait *d'attendre avec patience,* (f° 39). M. Pictet fils n'est que le *neveu* du dr Pictet, signataire de l'acte de décès du baron de Richemont et de la déclaration supplémentaire, qui n'a jamais varié dans sa croyance Les déclarations du fils de son frère, ni de son frère lui-même, s'il voulait enfin parler en son propre nom, n'infirmeraient donc en rien le témoignage de l'honorable docteur Pictet. Mais cette équivoque si longtemps entretenue nous semble une manœuvre peu avouable pour des : « amis de la vérité. »

Pièce 56. — *Présentation du dauphin à la duchesse d'Angoulême* — Déclaration de M. le comte de Pons. (voir 'olio **23.**)

Je soussigné, Charles, Cte de Pons, déclare à qui il appartiendra qu'en ma qualité de page de M. le Cte d'Artois, en 1816, dans les premiers jours de Mai, me promenant dans le parc de Versailles avec MM. Curial, de Montbrun et d'Arjuson, tous trois mes collègues, nous étions dans une vaste allée de charmillles à jouer au cheval-fort, lorsque nous fûmes distraits de notre occupation par des personnes dont la voix animée se faisait entendre dans une promenade rapprochée de la nôtre. Leur conversation, fut l'objet de notre attention et en particulier de la mienne ; ayant prêté l'oreille et dirigé les yeux du côté d'où venaient ces accents qui ne nous étaient point étrangers, nous reconnûmes Madame la duchesse d'Angoulème, Mgr le duc de Berry et M. de Mouchy, capitaine des gardes ; un quatrième personnage était avec eux ; il avait la taille moyenne, il était blond, bien fait, le teint animé ; dans ses mouvements, il avait de la grâce, du geste ; sa voix était douce et sonore.

.... Nous entendîmes ces paroles prononcées par l'inconnu avec des mouvements convulsifs ; ses mains se joignaient sur sa tête ; — « Ah ! ma sœur ! ma sœur !... » à ces mots la duchesse répondit : — « Allez ! allez ! vous êtes la cause des malheurs de ma famille ! » — Mgr le duc de Berry était ému ; M. de Mouchy, qui était à une distance respectueuse, s'approcha et dit à l'inconnu, qu'étant de service il ne pouvait le laisser davantage dans le parc, où sa présence était ignorée ; alors le groupe se retira.

Étonnés de ce que nous venions d'entendre, nous retournâmes au château ; mais à la porte, nous trouvâmes M. de Mouchy, qui parut surpris de nous voir. Il nous demanda d'où nous venions, ce que nous avions fait, si nous n'avions rien entendu ? Nous lui répondîmes que nous venions de jouer au cheval-fort et que nous n'avions rien vu ni rien entendu. Il rentra en nous disant : « Vous êtes bien heureux ! »

et en donnant l'ordre à M. de Montbrun d'aller le trouver à cinq heures du soir.

Au **Poyet**, commune de Pouilly-sur-Charlieu, le 2 Octobre 1842.

Signé : le Comte de Pons (*légalisé.*)

Pièce 57. — *Lettre de M. le comte de Pons à M. le baron de Richemont*, en date du 20 juillet 1849, confirmant cinq ans plus tard la précédente.

Pièce 74. — *Déclaration de M. de la H...., ancien secrétaire général de l'évêché de Strasbourg*, 2 Octobre 1850.

.... En 1833, j'eus l'honneur de voir à Fribourg, en Suisse, un de ces hommes que tous les partis vénèrent, qui n'en était pas moins un chaud partisan de Louis XVII, M. le marquis de Nicolaï, beau-frère de M. le duc de Lévi.... Mme de Nicolaï faisait alors ses préparatifs de départ pour aller remplacer à Prague, où se trouvait la famille royale, Mme de Gontaut, en qualité de gouvernante de Mademoiselle....... sachant que Mme la marquise partageait toutes les idées de son mari sur l'existence du dauphin, je me permis de demander à M. de Nicolaï si leur croyance à Louis XVII était connue à Prague. Il m'assura qu'on ne l'ignorait pas du tout. Je témoignai alors toute ma surprise du choix qu'avait fait la famille royale...... Voici textuellement sa réponse : « Monsieur l'abbé, la famille royale croit aussi « fermement que vous et moi à l'existence de « Louis XVII. »

Les documents relatifs à Louis XVII et le testament où Louis XVIII, assure-t-on, reconnaissait l'existence de son neveu et adjurait le comte d'Artois de lui rendre le trône, étaient conservés dans une cassette dont trois personnages dans une haute position à la cour conservaient chacun une des clés. Ce sont là sans doute les témoins que l'auteur de la lettre dont l'extrait porte le Nº 16* comptait amener au baron de Richemont. Par la mort de deux d'entre eux les trois clés se seraient trouvées réunies en 1875 entre les mains de M. le marquis de Nicolaï (1).

Pièce 100. — *Entrevue du baron de Richemont avec la princesse Lœtitia, petite-fille de Lucien Bonaparte.*

La princesse en entrant dans la salle, porta son regard sur moi qu'elle ne connaissait pas, puis fixant M. le baron de Richemont, elle fit une exclamation, se jeta à son cou, l'embrassa avec transport, et dans l'élan de son cœur, elle me tendit aussi la main. Après les premières expressions du plaisir qu'elle avait de le voir, elle lui dit : — « J'ai appris que votre sœur, la du- « chesse d'Angoulême, va enfin vous recon- « naître, etc. » — son mari était là, son beau-frère est survenu, elle leur dit : — Je vous « présente le fils de Louis XVI, Louis XVII ; « oui, oui, Louis XVII, sa sœur va le recon- « naître, etc. »

Ce que je viens de dire est conforme à la vérité la plus exacte.

Paris, 7 Juillet 1849.

Signé : FOYATIER.

---

(1) Louis XVII vengé, fᵒˢ 202 et 233.

Pièce 101. — *Mémoires d'un contemporain offerts à Mme la princesse Lœtíti-Bonaparte* par MM. Suvigny et Foyatier de la part du baron de Richemont, en décembre 1849.

.... Elle nous parla avec un intérêt marqué de M. de Richemont, s'informa de sa réclamation d'état, nous dit qu'cllle était convaiucue de l'identité du baron de Richemont avec le fils de Louis XVI ; que du reste l'évasion et l'existence de ce malheureux prince étaient une tradition de famille, etc.

Signé : FOYATIER — SUVIGNY.

M. Foyatier venait de terminer le buste de M. de Richemont qui figura à l'exposition de 1851, lorsqu'un des amis du prince découvrit chez un marchand de curiosités le buste en terre cuite d'un jeune enfant dont la ressemblance avec M. de Richemont était frappante. C'était le buste du dauphin par Houdon ; transporté dans l'atelier de M. Foyatier ; le célèbre auteur du *Spartacus* exprima son opinion motivée dans la lettre suivante :

Pièce 102. — *Lettre à M. le marquis de Pastoret, 10 octobre 1850.*

.... J'ai continué à étudier attentivement les rapports de ce buste du Dauphin avec la physionomie du baron de Richemont, et je suis tout-à-fait convaincu *qu'il n'a pu être exécuté que d'après le même original, âgé de six à sept ans ;* je retrouve en effet, la même allure dans l'ensemble ; le même développement de poitrine ; la même hauteur d'épaules ;

la même dimension courte du cou ; la même conformation osseuse du front ; la même disposition du nez et surtout des narines, de la bouche, du menton, de la mâchoire ; le même massé charnu des joues ; la même fermeté de l'œil ; des détails particuliers d'orbites et de paupières, motivés dans le petit buste et existant chez M. de Richemont; la même inégalité dans les sourcils; la même ligne d'attache des cheveux, remarquable en ce qu'elle s'abaisse au milieu du front ; le même point d'adhérence et d'origine de l'oreille, dont la partie supérieure se cache sous des boucles de longs cheveux dans le buste d'Houdon. J'y trouve, en un mot, tout ce qui constitue l'identité parfaite.

Loin de m'étonner de l'incrédulité générale, j'ai moi-même, je vous l'ai avoué, Monsieur, été fort incrédule ; mais quand des hommes sérieux m'eurent parlé de cette étrange histoire, j'eus, et je m'en félicite aujourd'hui, la bonne foi d'examiner.

Pour y parvenir plus aisément et plus sûrement, je demandai à modeler son buste. J'avais déjà fait ceux de la famille royale ; c'était un excellent moyen de comparaison. Au premier aspect, je fus frappé de l'identité du son de voix, de la vivacité et de la tournure. D'ailleurs mon parti était pris. C'était un imposteur à étudier, ou une grande infortune à respecter. Je ne tardai pas à arriver à cette dernière conclusion.

M. Foyatier énumère ensuite les démarches et recherches ayant pour but de réunir les documents groupés dans l'ouvrage de M. Suvigny et qui ont corroboré ceux contenus dans les *Mémoires d'un Contemporain,* et continue ainsi :

C'est de notre société qu'est né le journal
l'Inflexible qui provoque depuis plus d'un an
la discussion pour et contre. Aucune des
preuves établissant que le baron de Richemont
est véritablement le fils de Louis XVI n'a jusqu'ici été renversée, ni même solidement
attaquée. — Mais, monsieur le marquis, ces
recherches que nous autres hommes, sans
autorité de fortune ou de position sociale,
entreprenons par dévoument à la cause de la
vérité, n'appartiendraient-elles pas plutôt tout
naturellement à des personnages d'un haut
rang, à vous par exemple, monsieur le marquis, comme président de l'Institut historique,
puis comme chef du parti légitimiste ? et si,
comme nous, vous reconnaissiez le dauphin
dans la personne de M. le baron de Richemont, votre conscience d'honnête homme
vous forcerait de proclamer que le dauphin est
retrouvé et qu'il est le principe de la légitimité.

J'ai l'honneur d'être, etc.

FOYATIER.

Sculpteur, ancien élève et ami du docteur Gall,
  ancien membre de la société phrénologique,
  membre de l'Institut historique.

M. Foyatier ne reçut aucune réponse. Il
alla chez un autre membre distingué du
parti légitimiste, M. de Larochejacquelin,
espérant que sa réputation d'énergique
loyauté lui ferait un devoir d'examiner la
question ; la lettre précédente fut commu-
niquée, l'invitation de comparer les deux
bustes réitérée, M. Foyatier n'obtint qu'un
refus formel ; aussi ne put-il s'empêcher de
dire en sortant : « Vous et les vôtres, vous

« vous bouchez les yeux pour ne pas voir,
« les oreilles pour ne point entendre. » (1)

Il en a toujours été, il en est encore ainsi ; les plus loyaux légitimistes se refusent à l'examen, de peur des conséquences qui en découleraient si cet examen les convainquait que Louis XVII est mort abandonné par les siens, cent fois plus cruels pour lui que les bourreaux qui ont martyrisé son enfance. C'est ce *non possumus* que m'exprimait une lettre toute récente :

« Pour nous, légitimistes, nous ne pou-
« vons croire à l'évasion du Temple de l'in-
« fortuné Louis XVII. Nous ne pouvons
« admettre, sans faire injure aux mémoires
« des rois Louis XVIII et Charles X, de Ma-
« dame la duchesse d'Angoulême et de
« notre pauvre roi Henri V, qu'ils aient caché
« l'existence du dauphin s'il avait survécu
« aux tortures de sa prison. »

Ainsi la chose n'est pas parce qu'elle *ne doit pas être* et notre correspondant se récuse d'ailleurs, comme tous ses amis politiques, en affirmant que la mort du dauphin au Temple a été établie : « sur les preuves « les plus convaincantes, par des historiens « d'une valeur et d'une bonne foi incontes- « tables. »

Nous ne prétendons point convaincre ceux

---

(1) On trouve la photographie du buste de Houdon à Paris, 22, rue St-Sulpice et celle des autres portraits du dauphin à Ercuis (Oise) chez Houzelot.

qui s'entêtent à juger sur la parole d'autrui ; mais nous croyons avoir établi l'inanité de ces soi-disant preuves et nous espérons ouvrir les yeux de ceux qui, sans parti pris, établiront leur opinion sur les pièces authentiques contenues dans ce petit volume.

QUELQUES EXTRAITS DE LETTRES REÇUES, DE 1880 A 1884, AU SUJET DU BARON DE RICHEMONT

1° — .... Je croyais parfaitement connaître l'histoire de l'infortuné baron de Richemont, très réellement fils de Louis, XVI et les révélations de votre *Feuille de Papier* m'ont expliqué des faits que je ne pouvais qu'imparfaitement justifier.... Les conseils de l'immortel et invisible comte Petrucci me donnent la clé d'une aventure très authentique du baron de Richemont dans l'insurrection de Lyon. Il est incontestable qu'il y prit une part très-active ; qu'appelé par le fameux *Lagrange*, il y exerça un commandement et ne craignit pas de paraître sur une barricade, l'épée à la main, le grand cordon en sautoir et les épaulettes royales à l'habit. Il s'y battit avec une bravoure dont la Croix-Rousse garde encore le souvenir. Seulement on ignorait son nom ; on l'appelait M. Louis.

2° — .... Ma conviction à l'identité du fils de Louis XVI et du baron de Richemont avait été formée par des personnes de Lyon, (mortes aujourd'hui), et qui avaient connu ce malheureux prince. La lecture des *Mémoires d'un Con-*

temporain m'avait paru contenir assez de faits pour donner un corps à ma croyance ; enfin mes relations assez suivies avec ce prince infortuné, m'avaient fait voir en lui par ses qualités, et même *par ses défauts,* un homme incapable de jouer aussi habilement le rôle qu'on lui attribuait....

3° — .... Il y aurait eu de la dignité chez le comte de Chambord, si le lendemain de la mort de la duchesse d'Angoulême il avait chargé des hommes capables et consciencieux de faire une enquête sur les deux personnages qui se titraient du nom de Louis XVII, et la vérité n'aurait pas été longtemps à être reconnue. Le baron de Richemont (1) était très abordable, ne refusait jamais de répondre à toutes les questions qui le concernaient ; il n'était pas plus possible à tout homme qui le fréquentait, même moins d'un mois, de le prendre pour un autre que le fils de Louis XVI, que de prendre le cheval d'Henri IV du Pont-Neuf pour une baleine.

Un homme aussi estimé pour la haute honorabilité de son caractère que pour ses publications, a connu le dauphin et Naündorff, les a étudiés tons les deux et a vu souvent ce dernier se couper, même relativement à son âge. Il prépare en ce moment une réfutation de la *Survivance du roi Martyr,* et nous a fait d'intéressantes communications dont, pour ne pas déflorer à l'avance son ouvrage, nous n'extrairons que l'anecdote suivante :

---

(11) L'auteur de cette lettre l'a connu intimement pendant neuf ans.

4º — .... Je dînais avec lui, (le baron de Richemont), à l'hôtel des Colonies, avec M. le docteur Pictet, M^{mo} B. et son fils ; il se fâcha contre ma lettre relative à l'article de l'*Inflexible*, disant qu'il en était lui-même l'auteur. Je lui répondis : — « Cela ne fait pas « que cet article fût correct. » — Son irritation devint encore plus forte pendant dix minutes ; comme je ne baissais pas, il reprit et me dit : — « Touchez-là, mon cher ; vous, vous êtes un « véritable ami » — Tout cela est bien dans le caractère des Bourbons....

5º — .... J'ai bien été témoin, Monsieur, de ce dont vous me parlez, *mais je ne puis rien dire* ; je puis seulement vous parler de mes sentiments personnels. Je crois, avec ferme conviction, que Louis XVII n'est pas mort au Temple..... et vous dîtes vrai, Monsieur, en disant que je suis sympathique à M. le baron de Richemont....

6º — ..... J'ai reçu votre honorée contenant plusieurs articles concernant le fils de Louis XVI. Vous êtes dans le vrai en soutenant que M. de Richemont est bien Louis XVII. Les preuves sont nombreuses.... (1)

7º — .... Les renseignements curieux dont j'ai, grâce à vous, connaissance, relativement à l'histoire du baron de Richemont, ne m'ont pas, je l'avoue, convaincu de sa naissance princière, mais tout ce qui touche *à ce point si obscur de notre histoire* offre l'intérêt le plus attachant et je vous remercie de m'avoir fait connaître de si curieux documents.....

____

(1) L'auteur de cette lettre a beaucoup connu Richemont.

Cette lettre émane d'un membre de la haute aristocratie, que sa présence fréquente à Frosdorff durant la maladie du comte de Chambord et ses attaches à la branche actuelle des Bourbons obligent à une grande réserve, mais qui ne considère pas cependant la mort de Louis XVII au Temple comme aussi claire et aussi bien prouvée que le prétendent MM. de la Sicotière et Chantelauze.

Un autre légitimiste dévoué m'écrivait :

8° — ..... Quant à moi, Monsieur, je ne m'occuperai pas de ce *problème historique* tant que je n'aurai pas trouvé le temps de remplir complètement mon devoir envers..... (Il s'agit ici d'une affaire particulière)..... D'ailleurs, le baron de Richemont étant mort, la chose n'a pas *d'utilité pratique*..... le principe héréditaire en France est la personne qui le représente au jugement des quatre-vingt-dix-neuf centièmes des Français et dans l'opinion des souverains de l'Europe.....

Nous citerons ici pour mémoire l'opinion d'un autre membre de l'aristocratie, qui d'accord sur la façon dont s'est accomplie l'évasion, d'accord sur l'identité du baron de Richemont avec l'infortuné petit dauphin, repousse comme faux la plupart des documents recueillis par Suvigny, sans en apporter d'autres à la place, et prétend que c'est lui qui a été condamné sous le nom de Mathurin Bruneau ; voici des passages de sa lettre:

9° — ..... Le prisonnier de Rouen, (qui selon

lui était Richemont), prétend qu'on lui a substitué Mathurin Bruneau dans le procès ; je réponds que je tiens de personnes qui ont été jugées et condamnées comme ses complices, que c'est bien lui qui a paru devant les juges et qu'il n'y a jamais eu d'autre personnage que lui dans le procès..... On lui faisait prendre le matin dans sa nourriture des substances narcotiques qui lui causaient un hébêtement passager et dès que l'effet s'en dissipait, le président, M. Olivier, levait la séance.

Suivant *la Légitimité*, ce prisonnier était Marassin, l'émissaire de Naündorff, auquel on aurait substitué le grossier personnage jugé à Rouen ; suivant Larousse, ce serait Naündorff lui-même, reconduit secrètement en Angleterre pendant qu'à son lieu et place on jugeait Mathurin Bruneau. D'autres ont prétendu qu'Hervagault, Mathurin Bruneau, le baron de Richemont, n'étaient qu'un seul et même personnage, Perrin, dit *le Bossu*, fils d'un boucher de Lagnieu. Tout ceci ne résiste pas à une minute d'examen ; mais en embrouillant de plus en plus les choses, on augmente la difficulté d'en dégager la vérité.

10°—....M. Suvigny a bien raison, le baron avait bien l'esprit, les qualités et les défauts de la race qu'il soutenait être la sienne..... J'ai connu le duc d'Angoulême, la duchesse et Charles X ; le baron était mieux à l'extérieur que le duc de Berry, mais au moral ils étaient identiques..... Si Richemont ressemblait aux Bourbons et aux plus beaux, Naündorff n'avait rien de cette race, j'ai son portrait, sa figure est régulière, même assez distinguée mais ses cheveux étaient crépus comme ceux des nègres ; le teint était blanc, non animé ; le teint des Bourbons est blanc avec une teinte rouge.

Ayant connu personnellement le baron, je puis affirmer que ses manières, son langage, tout en lui révélait un ancien officier de l'armée française ; il était de plus très-instruit, avait beaucoup voyagé et parlait un grand nombre de langues.

11°— J'arrivai à Paris à la fin de 1847, comme on s'entretenait de l'exhumation des restes de l'enfant mort au Temple sous le nom du dauphin et enterré dans le cimetière de Sainte-Marguerite. On citait le nom du docteur Récamier parmi les médecins qui avaient été appelés à faire l'examen du squelette. J'allai trouver cet illustre ami de ma famille et le priai de me dire en toute sincérité ce dont il avait été témoin.

« Est-ce que par hasard, me dit-il avec la brusquerie de son langage habituel « vous « croiriez à la fable de Louis XVII ? » — « Il « ne s'agit pas, lui dis-je, de savoir s'il vit au-« jourd'hui, mais si c'est bien son corps qu'on « vient de découvrir. » — « Non, ce n'est « pas le corps du dauphin. On m'a appelé à « faire l'examen d'ossements parfaitement « conservés et de dire s'ils pouvaient être « ceux du fils de Louis XVI. Or, il faudrait « n'avoir aucune connaissance d'anatomie pour « ne pas reconnaître le squelette d'un enfant « *plus âgé de trois ou quatre ans.* Il y a cer-« tainement cette différence d'âge. On m'a « aussi montré une touffe de cheveux qui ad-« hérait au crâne, ils sont d'un blond foncé « tirant sur *le roux*(1). Ainsi il est évident que

______

(1) Voir fᵒˢ 8, 13 et 57.

« ces restes n'appartiennent pas au petit dau-
« phin; cependant on m'a démontré que *c'est
« bien le corps de l'enfant mort au Temple,
« c'est incontestable* ». (Cet enfant était né en
« 1782).

« — Si c'est ainsi, repris-je, il faut néces-
« sairement admettre que Louis XVII a été
« enlevé de sa prison et remplacé par un
« autre enfant.» — « Ma foi, reprit-il, je n'y
« comprends rien ! Mais pour croire que
« Louis XVII existe et que sa famille a re-
« fusé de le reconnaître, jamais je n'y con-
« sentirai. » —

Ce brave homme, d'un cœur encore plus
élevé que son génie, ne savait pas plus tran-
siger avec ses respects qu'avec sa foi.

12° — ..... Vous me demandez comment
Georges et ses nièces ont eu connaissance du
rôle de dauphin que jouait Alexandre. Je ne
puis vous répondre à cette question.

Lorsque je connus Georges du Coudray en
1846, peu de temps après mon mariage, et que
ce Georges venait voir ma belle-mère et ma
femme, je n'avais pas, en cette année, le projet d'écrire *Mes souvenirs*, ni de m'occuper de
Naündorff dont m'entretenait son frère.....
mais je puis vous certifier que toutes les personnes intimes de Georges et de Mlles de
l'Orbette, ses nièces, connaissaient l'aventure
d'Alexandre *l'absent*.

.... Dans cette tête très-intelligente (1),
il y a du Charles X, il y a des traits de la famille des Bourbons ; mais j'ai des notes qui
insinuent que la dame d'honneur, Philippine

---

(1) La photographie de Naündorff, dont
M. Tréfouël a déjà parlé dans une de ses
lettres citée f° V, à la note.

du Coudray, chantée par les poètes Dorat et Colardeau, avait des relations *intimes* avec un prince de la famille de Bourbon (autre que Louis XV).

13° — ..... Je veux ajouter quelques observations qui touchent à Charles X et à Madame la duchesse d'Angoulême.

On ne s'est pas rendu compte de leurs sentiments et de leur attitude dans cette affaire de Louis XVII. Or je tiens pour exagéré le blâme que l'on fait retomber sur leur mémoire.

Pour ce qui regarde Charles X, je me borne à raconter qu'en 1836, à Lyon, M. le curé Nicod me montra un écrit qu'on venait de lui remettre ; il était signé V^{to} *de Montchenu*. Je l'ai lu, en voici la substance.

Le général raconte qu'après la mort de Louis XVIII, Charles X le fit appeler avec le général de Bruges à Saint-Cloud ; ces messieurs, frappés de l'empreinte de tristesse de la physionomie du Roi, lui témoignèrent qu'une pensée devait en ce moment dominer dans son cœur le chagrin de la mort de son frère, qu'il se devait tout au bonheur de la France qui le voyait arriver au trône avec transport...

« *Mes amis,* leur dit le roi, *vous me voyez en proie à une grande perplexité ; ce trône sur lequel on me presse de monter ne m'appartient pas. Mon neveu, le fils de Louis XVI existe, et c'est à lui qu'appartient la couronne.* » Nous exprimâmes alors la confiance que la loyauté qui nous était si bien connue de son caractère ne nous permettait pas de douter qu'il n'accomplît le grand acte de justice de rendre la couronne à qui elle était due. Le roi reprit qu'on lui objectait que par sa vie si aventureuse, son malheureux neveu était tellement dégénéré de sa naissance et professait de si dangereux principes qu'il serait le déshonneur de la couronne et le fléau de la France: « *On me dit donc que je dois accepter comme un dépôt cette couronne que m'impose la Providence pour la sauver de sa perte.* » Le roi ajouta qu'il n'avait pas pris de décision et qu'il attendait le dernier avis des conseillers de sa conscience. Deux jours après, ces messieurs apprirent par la proclamation du roi la décision qu'il avait prise. Ainsi on lui a fait une fausse conscience et au premier rang des conseillers qui l'ont égaré, on cite Mgr de Lathil, peut-être avec raison..... Ces deux Messieurs ont été plus tard chargés par Madame la Dauphine de faire une enquête sur l'existence de son frère (1). M. le duc de Doudeauville m'a assuré qu'il possédait les originaux de cette instruction, qui a été arrêtée par la mort de M. de Bruges et du duc de Blacas:

Madame la Dauphine, il faut bien lui rendre cette justice, était à propos de cette question dans une perplexité terrible..... Cette princesse imaginait que son aveu eût été un jugement sans appel et qu'exprimer même un doute, c'était ébranler le trône et ouvrir la porte à la Révolution..... *Elle a toujours été trompée lorsqu'elle a fait des recherches.....* J'ajoute que vis-à-vis de Louis XVIII elle était d'une timidité d'enfant.

..... Après la mort de Louis XVIII, aucuns papiers n'ont été enlevés par M. de Villèle ou tout autre: j'ai entendu à ce sujet, à la table de Charles X, à Holyrood, un détail des plus curieux de la bouche du duc de Blacas. *Tout* a

------

(1) Voir f° 35.

été brûlé sous les yeux du roi avant sa mort, jusqu'à des billets de banque qui se trouvaient mêlés aux papiers, le roi n'ayant pas permis qu'une seule papillotte de ses archives personnelles échappât à cet auto-da-fé.

14 —..... J'ai vu dans le *Louis XVII* de Mr Chantelauze que les *Mémoires* de Mme de Tourzel renferment un précieux témoignage. Elle dit que la bière contenant le corps de l'enfant mort au Temple, qu'elle prétend être Louis XVII, a été portée au cimetière Ste-Marguerite *sur un brancard* et non dans une voiture comme l'a prétendu Naundorff. Les pièces officielles relativement à l'enterrement de l'enfant ne mentionnent aucune voiture. Par conséquent, le fait du *brancard* culbute la fable de Naündorff et de ses scribes. (voir folio 78)

15° — ..... En arrivant au château de Vauxrenard en août 1852, après avoir présenté Mr Foyatier à la vénérable comtesse d'Apschier, la bonne dame, après un moment de sanglots, nous dit : — « Au moins, l'infortuné ne pourra pas dire ce qu'il me disait deux jours avant sa mort : — *Comtesse, après ma mort nul ne dira sur ma tombe : Pauvre Louis, que tu fus à plaindre !*

En 1858, (après que l'inscription ayant été effacée par son ordre, Mr de Persigny eut fait un inconnu de celui qui reposait au cimetière de Gleizé), Mme d'Apschier fit servir les paroles du pauvre Louis à son épitaphe. Telle est l'explication de l'énigme.

,... Le dauphin racontait avec la plus charmante naïveté la capture du préfet et du commandant de place de Lyon en 1831. Ces deux messieurs avaient été très adroitement enlevés

à la tête d'un bataillon en faisant leur entrée
dans la ville des canuts. Ce jour là le dauphin
commandait en chef les farouches de la Croix·
Rousse ; il imposa des conditions dures et
humiliantes aux deux autorités, sans se faire
voir et sans effusion de sang. (Voir f⁰ 95, 1°)

16°..... Longtemps je lui ai fait la plus vive
opposition auprès de ses plus chauds partisans, (au baron de Richemont). Si plus tard
j'ai cru reconnaître en lui la personnalité de
Louis XVII, alors je le lui ai fait dire..... il
répondit « qu'il ne pouvait faire connaître sa
« véritable histoire que le jour où il se trou·
« verait en face d'une justice véritable, *sans*
« *courir de graves dangers par ses aveux.* »
Une telle réponse m'eût paru ridicule si je
n'avais pas été à même de pénétrer le fond de
cette *situation si mystérieuse*..... mais il me
pria de garder le silence. Ce parti était trop
dans mes sentiments pour ne pas le lui pro-
mettre. Il avait compris que j'avais percé le
voile, ce qui lui faisait dire : « que j'étais le
« seul en France qui connût la vérité sur son
« compte et qu'il comptait sur ma sincérité
« quand il serait *en son pouvoir* de faire appel
» à mon témoignage.
Ce danger était celui-ci : trois ans après son
évasion il était tombé entre les mains de Fouché ; *une grande influence protégea sa vie
mais au prix du silence*..... Il faut, Monsieur,
que vous sachiez que ce n'était pas par ce que
j'aurais pu témoigner moi-même que je pouvais
rendre service à la vérité. Mais le jour où il
se fût décidé à lever tous les voiles *devant sa
famille*, je lui eusse amené les *véritables témoins de sa cause*, témoins placés dans des
situations ou ils pouvaient obtenir une discussion loyale et la reconnaissance de la vérité ;

jusque-là il restait méconnaissable aux yeux de tous. Il ne s'est pas décidé pour le seul parti qui pût le sauver, et le temps l'a dévoré.

Nous l'avons vu, Richemont subissait un joug auquel il n'était pas maître de se soustraire. Cette lettre en est une preuve de plus et c'est par elle que nous terminerons ces citations. Celui qui en est l'objet repose depuis plus de trente ans dans la tombe ; nul espoir, nul intérêt autre que celui de la vérité n'a donc pu guider la plume de ceux qui lui apportent ici leur témoignage.

Nota. — Nous avons reçu depuis quelques jours de nombreuses communications qui tout en modifiant certains détails de la vie du baron de Richemont, affirment de plus en plus son identité.

Nous ne les publions pas en ce moment, afin de ne pas retarder l'apparition de cet opuscule en le surchargeant de preuves surabondantes. Quant à la seconde thèse que nous soutenons, un des plus zélés Naündorffistes nous avouait en toute sincérité que leur prétentions seraient anéanties si nous prouvions que le squelette découvert à Sainte-Marguerite était bien celui du substitué. Et c'est ce que nous croyons avoir fait.

AVIS IMPORTANT

Le 22 Avril 1848, chez Mme Mourey, sage-femme, rue Richer, 33, une jeune femme blonde et d'une beauté distinguée, mettait au monde une petite fille, qu'on alla déclarer aussitôt à la mairie du deuxième arrondissement, sous les noms de| *Alexandrine-Joséphine Elimka.* Fut-ce une erreur de l'employé de l'état-civil ou ceux qui allèrent déclarer la naissance obéissaient-ils à des ordres secrets? toujours est-il qu'au lieu de ce nom russe, assez bizarre pour qu'il rendît facile de suivre plus tard les traces de l'enfant, on l'affubla d'un nom carthaginois et on l'envoya aussitôt en nourrice aux environs de Paris ; elle avait sur le poignet gauche un signe très apparent qui devait permettre de la reconnaître sûrement, même si l'on était plusieurs années sans la voir.

La jeune femme, dès qu'elle fût en état de supporter le voyage, retourna à Londres, où elle avait, dit-on, suivi la famille royale après les journées de Février.

Elle appartenait, ainsi que le père de l'enfant à la plus haute société.

Mlle Rouy lui ressemblait beaucoup, quoiqu'avec des traits moins réguliers, et descendait de la même famille.

Elle s'était chargée de cette petite fille, en jurant de ne jamais révéler le secret de sa naissance. Aussi n'a-t-elle jamais voulu consentir à ce qu'on fît aucune recherche à ce sujet, quelque tort qu'il en pût résulter pour sa réputation. Elle écrivait en 1873 : « Quant à « la jeune fille, c'est un secret terrible ; « les plus grandes familles de France et « d'un autre pays y sont en jeu. » Ce secret, elle l'a sans doute emporté dans la tombe. Mgr Sibour, évêque de Tripoli, M. l'abbé Locatelli, alors vicaire de Notre-Dame de Lorette, et Mlle de Joubert, dame des pauvres de la paroisse, connaissaient aussi la naissance de cette enfant et devaient veiller sur elle.

Un an où deux après, un certain docteur Frédéric vint trouver Mlle Rouy et lui demanda de la céder à une famille riche.

La petite Joséphine fut amenée à Paris, présentée par l'entremise du docteur Frédéric et d'une autre personne à cette famille à laquelle elle plut beaucoup, car elle était charmante, et on offrit dix mille francs à celle qu'on croyait sa mère pour l'abandonner à condition qu'elle ignorerait toujours le nom de ceux qui l'adopteraient.

Elle refusa ; la petite fille fut ramenée par sa nourrice, et il ne fut plus question de rien.

Cependant une circonstance fit découvrir à Mlle Rouy le nom des riches israélites pour lesquels agissait le docteur Frédéric. Profondément indifférente sur la question religieuse, elle regretta d'avoir refusé des offres qui eussent assuré le bonheur de sa protégée, destinée, selon toute apparence, à ne jamais connaître ses parents. Elle avait conservé les lettres du docteur et se proposant de renouer l'affaire, écrivit qu'on lui amenât l'enfant.

La nourrice répondit qu'elle était morte.

Mlle Rouy demanda l'acte de décès.

Elle apprit sur ces entrefaites que la famille dont il s'agissait avait depuis quelque temps déjà une enfant adoptive dont le signalement répondait à celui de la petite Joséphine. Trois semaines se passèrent, puis tout-à-coup le père nourricier amena une petite fille maigre, au teint hâlé, plus grande qu'on n'eût supposé une enfant de trois ans et demi. Il s'était trompé, disait-il, c'était un autre de ses nonrrissons qui était mort. Une cicatrice se voyait à la place du signe sur son poignet gauche ; le père nourricier prétendit qu'elle était tombée dans le feu étant toute petite et montrait comme preuve une cicatrice semblable au coude.

Mlle Rouy, convaincue que sa pupille avait été vendue par cet homme, voulait d'abord le faire arrêter ; mais elle réfléchit qu'une enquête mettrait sur la trace du secret qu'elle avait promis de garder à tout prix, et craignant, si elle refusait cette enfant, que le père nourricier ne s'en débarrassât par un crime, elle se résolut à la garder et à la laisser profiter de ce qu'elle devait faire pour l'autre dont elle savait le sort brillamment assuré.

Munie d'une lettre de Mgr Sibour, elle alla trouver la vénérable fondatrice du Sacré-Cœur, Mme Barat, lui confia le secret de la naissance de la petite Elimka, la pria de la recevoir jusqu'à sa majorité, de lui faire donner une instruction aussi complète que possible, s'engageant à donner chaque semaine dans la maison un certain nombre de leçons de piano pour tenir lieu du prix de la pension, mais stipulant que si la mort ou

un évènement quelconque l'empêchait
de tenir cette promesse, l'enfant n'en
serait pas moins élevée au Sacré-Cœur
jusqu'à vingt et un ans et mise en état
de gagner sa vie comme institutrice.

Le 8 septembre 1854, Mlle Rouy était
enlevée de chez elle sous prétexte de
folie, au moment où un accord secret
réunissait les deux branches de la maison de Bourbon, et où le duc de Parme
tombait sous le fer d'un assassin. On la
changeait de nom et après deux mois
de séjour à Charenton, on la passait à la
Salpétrière comme une indigente sans
ressources et sans famille.

Il est prouvé par un rapport officiel
du docteur Calmeil au ministre de l'intérieur (1), qu'à son arrivée à Charenton Mlle Rouy avait signalé *le rapt d'un
enfant*. On n'en tint aucun compte et
on s'empara d'une quantité de papiers
dont elle s'était munie et qui eussent
prouvé qui elle était si on les eût examinés.

La plupart des détails que nous venons de donner avaient été soigneusement écartés de ses Mémoires, afin de
ne pas troubler inutilement l'existence

---

(1) *Mémoires d'une Aliénée*, f° 432.

obscure et laborieuse qui était le par-
tage de sa protégée, gagnant honora-
blement sa vie comme institutrice particulière. Mais on n'avait pu passer sous
silence qu'elle se fût chargée d'une enfant d'origine inconnue dont on la disait mère dans plusieurs pièces officielles et dont la mort, jointe à l'aban-
don du père, avait, disait-on, causé la
prétendue folie d'Hersilie, qui dit à ce
sujet, f° 434 de ses Mémoires :

« Enfin j'avais parlé du vol d'une en-
« fant..... Est-ce que devant une ques-
« tion de cette importance le devoir du
« médecin en chef n'était pas d'appeler
« le procureur impérial et de provoquer
« une information? On ne savait rien
« de moi; je dénonçais un crime et j'en
« apportais des preuves suffisantes pour
« qu'on pût facilement, en 1854, en at-
« teindre les auteurs. Ces papiers m'ont
« été pris avec les autres et *ceux qui*
« *concernaient cette enfant ne m'ont pas*
« *été rendus.* »

La présence aux indigentes d'une
femme jeune encore, d'un talent remarquable et d'une haute distinction, exci-
tait la curiosité; on ne la trouvait point
folle, on attribuait son enlèvement à des
causes politiques et le docteur Métivié
ayant dit qu'elle ressemblait à la du-

chesse de Berry, on prétendit qu'elle
était sa fille, à laquelle un garçon aurait
été substitué, sans songer que son acte
de naissance lui donnait six ans en
1820. Il est certain toutefois, et nous
croyons l'avoir démontré, qu'elle était
mêlée à beaucoup d'intrigues politiques, et qu'il y a une corrélation quelconque entre l'enlèvement de Mlle
Rouy et le mystère entourant l'enfant
dont elle s'était chargée.

Après sa mort, arrivée en octobre
1881, on envoya à Mlle Joséphine l'acte
de naissance qui la concernait et différentes choses qui lui firent désirer pas-
sionément des éclaircissements que personne ne pouvait lui donner, tous ceux
qui s'étaient occupés d'elle étant morts.

Elle est venue nous trouver et tout
nous prouve qu'elle est bien l'enfant
née rue Richer. On sait d'où provient
celle adoptée par la famille qui l'avait
demandée. La cicatrice de son poignet
ne peut être le résultat d'une chute
dans un foyer ; elle est longue, étroite
et profonde comme celle qu'aurait pu
faire une lame de couteau rougie au feu,
et, détail significatif, un poil, rude et dur
comme ceux dont sont parfois accompagnés les signes naturels, persiste sur
cette cicatrice. La brûlure du coude a

été faite pour achever de dépister, mais il est impossible que toutes deux proviennent du même accident et que l'enfant, trop jeune alors pour en avoir gardé le souvenir, se soit, en tombant dans le feu, brûlé le *dessous* du coude et le *dessus* du poignet. L'existence de cette enfant était-elle donc si importante, si *gênante* qu'on ait voulu dérouter jusqu'à celle à qui elle était confiée ? Une lettre récente de la nourrice vient confirmer qu'elle avait un signe à la place de la brulûre. Pourquoi l'avoir caché si longtemps ?

Son père et sa mère vivent-ils encore ? Est-il bien certain qu'ils ne puissent jamais la reconnaître ? Peut-être isolés comme elle, gémissent-ils sur la perte de leur fille, qui serait si heureuse de retrouver un peu de cette affection dont toute sa vie a été sevrée, car Mlle Rouy, voyant en elle une enfant inconnue, n'a jamais cherché à la revoir et s'est contentée de faire prendre de ses nouvelles à de rares intervalles.

Mlle Joséphine nous a priés de faire connaître à la fin de cet ouvrage le peu que nous savons d'elle, espérant qu'il pourra tomber sous les yeux de ses parents ou de personnes les ayant connus.

En écrivant ces lignes nous pensons remplir un devoir et laissons aux autres le soin de remplir le leur.

EDOUARD BURTON

Bionne, par St-Jean-de-Braye,

(Loiret)

FIN

NOTA. Les personnes qui auraient quelques communications à faire sur ce sujet, soit à nous, soit à Mlle Joséphine Elinka, sont priées de les adresser chez M° Massicard, notaire, 86, rue des Carmes, à Orléans.

ERRATA.

Fo VI — ligne 11 — 1,734, *lisez* : 1,794.
  XXVI — à la note — 238, *lisez* : 157.
  XXVIII — ligne 19 — 313, *lisez* : 513.
  idem — à la note — Mémoires d'une Feuille de papier, *lisez* : Mémoires d'une Aliénée.
  XXXII — ligne 20 — 1833, *lisez* : 1843.
  idem — à la note, ligne 3 — en 1842, *lisez* : 16 février 1841.
Fo 1 — ligne 14 — 1873, *lisez* : 1874.
  6 — ligne 5 — La Salpétrières, *lisez* : aux Incurables de la rue de Sèvres. Cette erreur provient du plaidoyer de Jules Favre, en 1874, page 177. M. Nauroy en commet une autre, page 96 des *Secrets des Bourbons*. Il dit qu'au moment du procès de Mathurin Bruneau, la veuve Simon, dite folle, *fut enlevée et enfermée à Bicêtre où elle est morte.* Suivant M. Chantelauze, la Simon, entrée aux Incurables en mai 1796, y est morte le 19 juin 1819, et nous le croyons dans le vrai. Mais tous les journaux dévoués à la Restauration avaient répandu le bruit qu'elle était folle.
Fo 6 — ligne 27 — 1816, *lisez* : 1817.
  10 — ligne 8 — 1873, *lisez* : 1874.
  12 — ligne 7 — Sa tombe, *lisez* : ma tombe.
  16 — dernière ligne — eurent, *lisez* : eussent.
  31 — ligne 29 — préfet, *lisez* : président.
  37 — ligne 10 — des amis, *lisez* : de ses amis.

46 — ligne 4 — d'Adhémard, *lisez* : d'Ad-
hémar.

47 — ligne 20 — à la Salpétrière, *lisez* : aux
Incurables.

77 — ligne 19 — Mémoires, tome Ier, page
24, *lisez* : Mémoires de Napoléon recueillis et mis en ordre par le rédac-
teur des *Mémoires de Louis XXIII*,
M. le baron de la Mothe-Langon,
tome Ier, page 211.

86 — ligne 24 — cassette, *lisez* : cachette.

87 — ligne 14 — neveu, *lisez* : petit-cousin.

87 — ligne 14 — d[r] Pictet, *lisez* : M. Pictet.

TABLE DES MATIÈRES.

Imp. CH. CONSTANT, Quai du Châtelet, 46.